「人の期待」に縛られないレッスン

はじめての認知行動療法

中島美鈴 Nakashima Misuzu

JN025832

NHK出版新書
714

はじめに

人間関係の中で、**いつも誰かの期待に応えようとして無理をしている。あるいは、いつも誰かが期待するキャラクターを演じてしまい、モヤモヤしている。**そんなふうに感じることはないでしょうか？

もちろん、人の期待に応えるのは悪いことではありません。しかし、そのために自分らしく生きられず、苦労ばかり背負い込んでいるとしたら……そういう生き方は少し修正したほうが良さそうです。

はじめまして。私は公認心理師・臨床心理士の中島美鈴と申します。九州大学人間環境学研究院で認知行動療法の研究を行う傍《かたわ》ら、カウンセラーとしても活動しています。

私のカウンセリングを受けにこられる方々は、さまざまな理由で「生きづらさ」を抱えていらっしゃるのですが、なかでも多いのが前述のようなタイプです。いつも一生懸命、誰かの期待に沿うように生きている。**自分がどうしたいか、どう振る舞いたいかよりも、他人にどう思われるかを優先してばかりいる。**そのために生きるエネルギーを奪われて、ヘトヘトになってしまっているのです。

そういうとき、ご本人は「周囲の期待に応えてよくやっている」とは自己評価できていません。むしろ「私は人の期待に応えられていない」「だらしがない、ダメな人間だ」などと思っていらっしゃることがよくあります。

仮に期待に応えられても、ご本人が望むような評価や愛情は得られなかったり、得られたとしても、いつも精一杯頑張ることを余儀なくされていたりするケースも少なくありません。まるで自分の中に鬼コーチがいるかのようです。

それゆえに、もっと誰かの期待に応えようとして、相手にどう思われるかを気にして、どんどん自分らしい生き方から遠ざかっていく……。

そうなっていると気づいたとき、どうすればいいでしょうか？

その対処法はさまざまに考えられるのですが、本書では**認知行動療法に基づく対処法**を紹介していきます。

認知行動療法とは、ごく簡単にいえば、物事の捉え方（認知）と対処の仕方（行動）を見直すことで生きづらさを解消していくカウンセリング手法です。1960年頃にアメリカの精神科医アーロン・ベックが開発し、現在ではうつ病をはじめ、不安障害やパニック障害など、さまざまな心の問題の改善に用いられています。

人の期待（あるいは人の期待を感じさせる状況）をどう捉え、どう対処するかという問題も、認知行動療法と相性が良いテーマです。

また、**人の期待に縛られている状態は、他人を優先しようとしすぎる「自己犠牲グセ」や、自分に厳しすぎる「完璧主義」などにも通じています。**こうした問題についても、認知行動療法に基づく対処法を示していくことになるでしょう。

本書では、いくつかの事例をまじえながら、人の期待から解放される方法をできるだけわかりやすく解説していきます。後半には、人の評価や愛情に依存しないための自尊感情の高め方や自分らしさを取り戻すワークなども用意しました。それらにも取り組んでいただくことで、より自分の思いを軸にして生きやすくなると思います。

さあ、自分の歩みたい人生に踏み出すためのレッスンを始めましょう。

「人の期待」に縛られないレッスン——はじめての認知行動療法　目次

第1章

なぜ人の期待に縛られるのか

良くない期待の応え方

そもそも「期待」とは何でしょうか？　広辞苑で調べると「将来その事が実現すればいいと、当てにして待ち設けること」と書かれています。

期待される側の立場で考えると、「相手からはっきり要求されているわけではないけれど、『こうしてほしい』『こうなってほしい』と願われている（あるいは、そう願われていると思い込んでいる）状態」という感じでしょうか。

その期待に対して、「相手のためにぜひそうしてあげたい」と思い、無理のない範囲で行動している場合には問題ありません。自分と相手、双方をバランスよく尊重しながら、信頼関係を築いていける状態だと考えられます。そういう人はまた、自分の夢や目標に関して、それが相手から望まれていないことだとしても、変に顔色をうかがったり、相手の意見に流されたりしすぎず、実現するための行動を取っていくことができるでしょう。

問題になるのは、そういうバランスの良い人間関係を築けず、相手からの期待に対して「そうしなければならない」という義務感や「そうしなければ良くないことが起こるのでは

ないか」という不安感から、無理のある行動を取ろうとしている場合です。

次のようなケースで考えてみましょう。

相手を優先しすぎるAさん

Aさんは公《おおやけ》の場で書類の記入などの作業をしているとき、後ろに並ばれるのがすごく苦手です。「早くしてほしい」と期待されているような気がするからです。「早く終わらせなきゃ！」と焦って、ますます手間取ってしまいます。一方で、自分が後ろに並んでいるときには「早くして」なんて思いません。むしろ「プレッシャーをかけないでほしいと思われているかも。もう一歩下がって待とう」などと考えます。

Aさんは、公の場で作業しているとき、後ろに並んでいる人からの「早くしてほしい」という期待を感じ、「早く終わらせなきゃ！」と焦っています。

一方で、自分が後ろに並んでいるときには、前で作業している人からの「プレッシャーをかけないでほしい」という期待を感じ、「もう一歩下がって待とう」と考えている。

このように、**ある場面で瞬間的に湧いてくる思考のことを「自動思考」と言います。**

私たちは日常生活のあらゆる場面でどう行動すべきか、いちいちゼロから考えるのは大変なので、思考をある程度自動化しているのです。

自動思考はその人に固有のもので、同じ場面であれば、誰でも同じように考えるわけではありません。後ろに並んでいる人の「早くしてほしい」という期待を感じながらも悠然と書類記入を続けたり、自分が後ろに並んでいるときに「作業している人にプレッシャーをかけているかも」などとは少しも思わない、という人もいるかもしれませんよね。

さて、Aさんの2つの自動思考には、共通の「根っこ」のようなものがあると感じませんか。同じ状況の立場を入れ替えた場面で、いずれも「相手の都合を優先しなければ」「相手が自分に望んでいるであろう行動を取らなければ」と考えている。

なぜそう考えてしまうのでしょうか?

この思考を深掘りしてみると、Aさんはもしかすると、

「そうしなければ、私は人から嫌われる（もしくは攻撃される）」

という思い込みを持っているのかもしれません。はっきりとそういう言葉では自覚して

いないまでも、自分に関して「人から嫌われる」「煙たがられる」「攻撃される」といったイメージを持っていて、その状況に直面することを恐れるあまり、つい過剰に相手を優先してしまう、という可能性が考えられます。

このように、**物事の捉え方の根底にあり、自動思考に影響を与えている強い思い込みを「スキーマ」と言います。**自動思考が場面固有の考え方であるのに対し、スキーマはあらゆる場面に共通する考え方です。「世の中を見るときのレンズのようなもの」と言ってもいいでしょう。

詳しくは後述しますが、私たちの物事の捉え方＝認知は、大まかには自動思考とスキーマで構成されていて、そこに著しい偏《かたよ》りがあることを「**認知の歪《ゆが》み**」があると言います。

その歪みを修正したり、巻き込まれすぎないように距離をとったりすることで、うつ病をはじめとするさまざまな心の問題を改善していこうとするのが、認知行動療法（なかでも認知療法）の基本的な考え方です。

思い込みが強化されるメカニズム

スキーマについてもう少し解説しておきましょう。

スキーマは基本的に、親をはじめとする身近な養育者との関係など、人生の早い時期の経験によって形成されると考えられています。

たとえば、温厚な親から十分な愛情を受けて育った、という経験をお持ちの方は「私は愛されている」「他人は温厚なものだ」「世の中は安全だ」というポジティブなスキーマを持つでしょう。反対に、すぐ不機嫌になる親から叱られてばかりいた、という経験をお持ちの方は「私は愛されない」「他人は怒りっぽいものだ」「世の中は怖いものだ」といったネガティブなスキーマを持つかもしれません。**スキーマは基本的に「私は〜だ」「他人は〜だ」「世の中**（**将来**）**は〜だ」という形を取る**ことを覚えておいてください。

スキーマは人生経験の中で強化されていきます。

再びAさんの例で考えてみましょう。実際には、この場面だけから断定することはでき

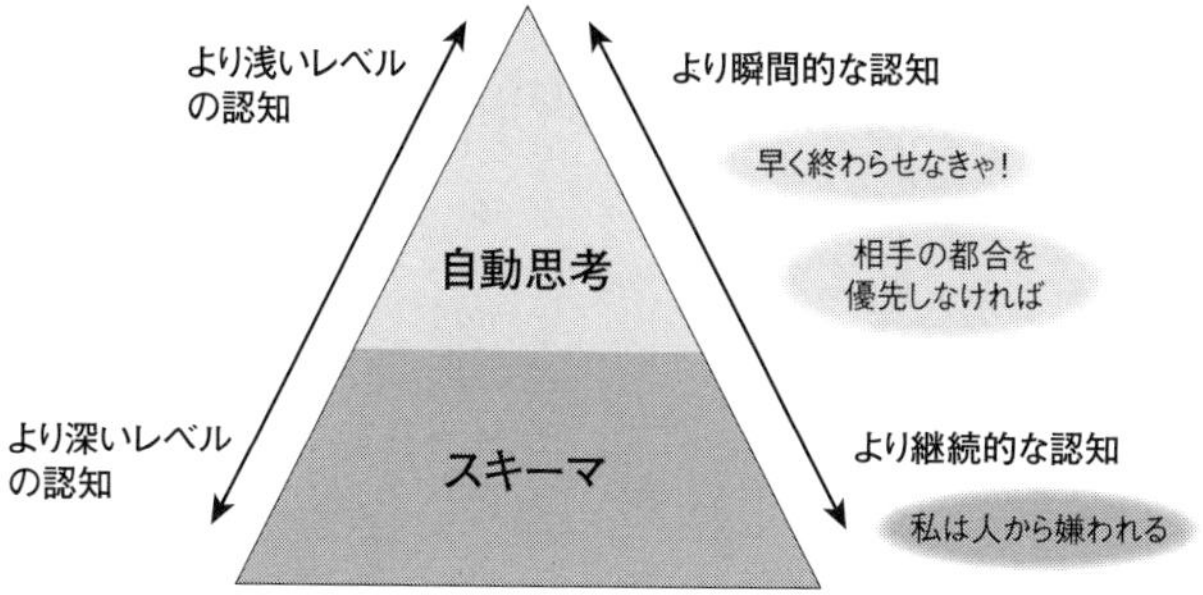

図1　認知の構造

ませんが、ここでは仮にAさんが「私は人から嫌われる」というスキーマを持っているとしましょう。

その思い込みが根底にあるために、公の場で作業をしているとき、人が後ろに並んでいる場面で「相手の都合を優先しなければ」→「早く終わらせなきゃ！」という自動思考が起こり、焦ってしまう。

そのため余計に手間取り、後ろに並んでいる人から実際に「早くしてよ！」と言われたとします。Aさんはこう思うのではないでしょうか。「やっぱり私は人から嫌われる」。

逆に文句を言われなかったとしたら、どうでしょうか？

たとえば、Aさんが後ろに並んでいる場面で一歩下がって待った結果、前で作業している人が滞《とどこお》りなく作業を終え、自分の順番になったとします。Aさんはこう思

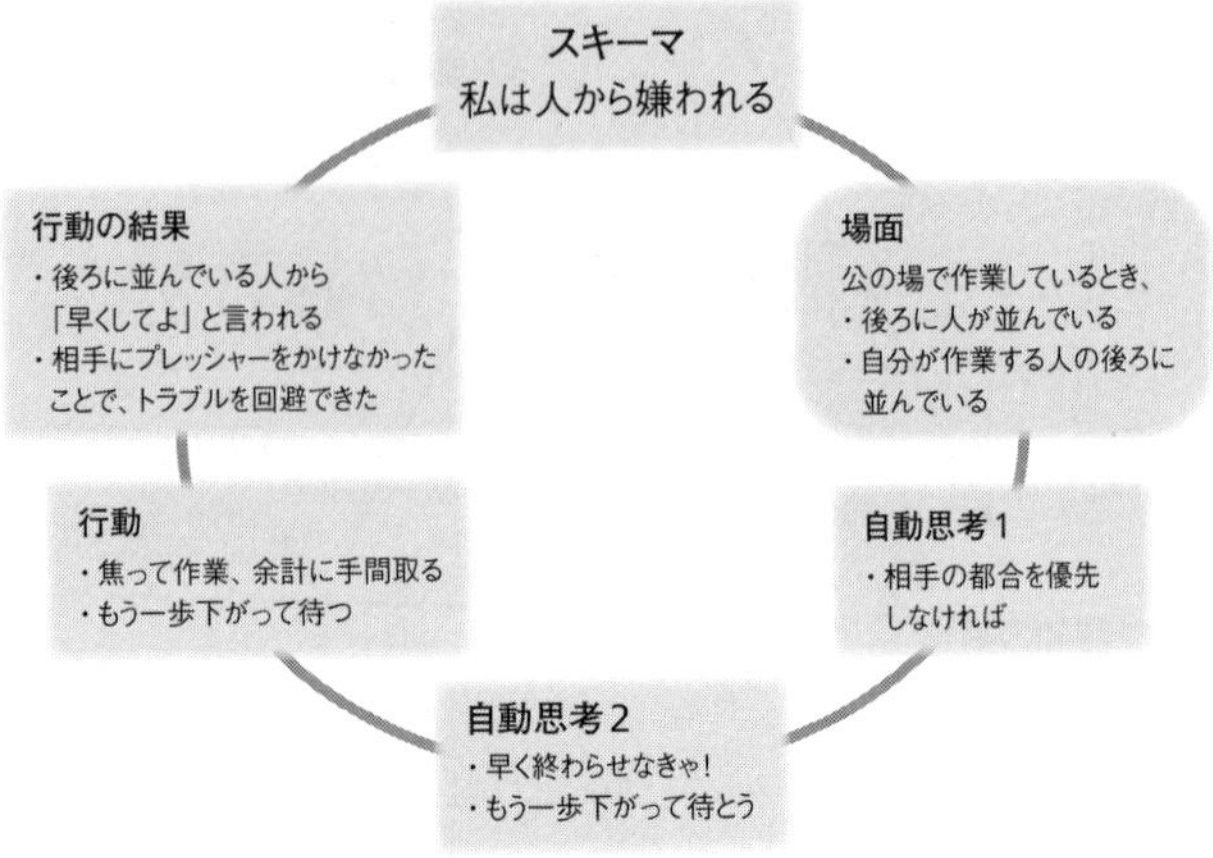
スキーマ
私は人から嫌われる
場面
公の場で作業しているとき、
・後ろに人が並んでいる
・自分が作業する人の後ろに並んでいる
自動思考1
・相手の都合を優先しなければ
自動思考2
・早く終わらせなきゃ！
・もう一歩下がって待とう
行動
・焦って作業、余計に手間取る
・もう一歩下がって待つ
行動の結果
・後ろに並んでいる人から「早くしてよ」と言われる
・相手にプレッシャーをかけなかったことで、トラブルを回避できた

図2　スキーマが強化されていく仕組み

うかもしれません。「私がプレッシャーをかけなかったから、相手に迷惑をかけずに済んだ。そうしなければ私は人から嫌われる」。

馬鹿げたことのようですが、**私たちは一旦スキーマを身につけると、それと一致する情報のみを信じて、意識するようになるのです。**ネガティブなスキーマを肯定するような出来事が10回に1回しか起こらなかったとしても、その1回を意識したり、自分がある行動を取らなければ思い込みの内容が実現しただろうと妄想したりします。

一方、Aさんの自動思考にも特徴的なクセがあります。「自分が後ろに並んでいるときには『早くして』なんて思いません。むしろ『プレッシャーをかけないでほしいと思われているかも。もう一歩下がって待とう』などと考えます」。つまり、他人に甘く、自分に厳しいのです（これは「過大評価と過小評価」と呼ばれる典型的な思考のクセのひとつです。これについては第2章でより詳しく解説します）。それがあるために、ますます「私は人から嫌われる」という思い込みを強化しやすくなっていると考えられます。

こうしたネガティブなスキーマと思考のクセを合わせたものが、認知の歪みです。

それは本当に相手の期待？

本書のテーマである「人の期待に縛られる」に戻って考えてみましょう。

人の期待は目に見えず、はっきりとした要求でもないために、認知の歪みの影響を受けやすいと考えられます。

Aさんのケースにしても、後ろに並んでいる人や前で作業している人は、本当に、「早くしてほしい」

「プレッシャーをかけないでほしい」

などと願っているのでしょうか？　少なくとも、そう断定できる根拠はありません。待たされるのは当たり前の場面ですから、後ろを振り返ってみたら、相手は少しも気にせず、夢中でスマホをいじっていた、なんてこともあるかもしれませんよね。

このように、**私たちが「人の期待」だと思っているものは、自分がつくり出している、スキーマが見せている幻かもしれない、ということに気づくのが、「人の期待に縛られる」という状態から抜け出す第一歩になります。**自分の内面にあるスキーマに動かされているとき、私たちはそれがあたかも「人の期待」であるかのように思い込み、それに応えなかったら相手を怒らせたり、低く評価されたりするとまで妄想する場合があるのです。

みなさんも日常生活の中で、相手からの「こうしてほしい」「こうなってほしい」という期待を感じて、なんだか落ち着かない場面を思い浮かべてみてください。

それは本当に「相手の期待」でしょうか？

自分が心の奥底に持っているスキーマの影響を受けている面がないでしょうか？

もうひとつ例を挙げておきましょう。

仕事を背負い込みすぎるBさん（1）

Bさんは、職場で誰が担当するのか決まっていない仕事の担当を決めるミーティングで、いつもこう思ってしまうそうです。「このチームでは私が最年長だし、みんな私にやってほしいと期待しているんだろうな」。しかし、Bさんも余裕があるわけではありません。「私も今は手一杯だし、この仕事まで引き受けたら、他の仕事に支障が出てしまう」と考え、一度はためらうのですが、担当者が決まらないまま沈黙が流れると、「ここで引き受けなかったら、頼りにならない人だと思われてしまう」と心配になり、結局は引き受ける……ということを繰り返しています。

Bさんも Aさんと同じ思考のクセを持っているように感じられます。チームのみんなも大変、自分も余裕がない、という状況で、自分が負担を増やさなければならないかのように考える。他人に甘く、自分に厳しい「過大評価と過小評価」です。その理由として「最年長である自分が担当すべきだ」と考えているところには「すべき思考」と呼ばれる思考のクセもあるように思えます（多くの人が持ちやすい「典型的な思考のクセ」は、第2章45ページにまとめました)。

Bさんは、チームのみんなのためにぜひ私がやってあげたい、と考えているわけではありません。「ここで引き受けなかったら、頼りにならない人だと思われてしまう」という不安に動かされています。

しかし、この考え方は少し大げさな気がしませんか? ひとつの仕事を引き受けなかっただけで頼りにならないと思われることはないでしょうし、仮にチームのメンバーからそう思われたとしても、会社の全員からそう思われるわけでもありません。にもかかわらず、そうなるかのように考えてしまうとしたら、それは「一般化のしすぎ」と呼ばれる思考のクセです。

Bさんが持っているこうした思考のクセも、Bさんが持つ、より根深い思い込み＝スキーマの強化に役立ってしまっていると考えられます。

中核信念と媒介信念

では、Bさんはどんなスキーマを持っていそうでしょうか？　Aさんのケースでは、2つの自動思考に共通する根っこの部分としてスキーマを分析しましたが、ここでもうひとつの方法を紹介しておきましょう。

私たちが何らかのネガティブな思考にとらわれているとき、「それが事実だとしたら、どういうことになるのか？」と自問してみると、根底に持っているスキーマに気づくことがあります。

Bさんの場合であれば、

「ここで引き受けなかったら、頼りにならない人だと思われてしまう」

という思考について、実際にそう思われたとしたら、どうなるのか？　究極的には、どんな事実（と思い込んでいること）に直面することを恐れているのか？　自分の内面と対話（深掘り）してみるのです。たとえば、こんなふうにスキーマにたどり着けるかもしれません。

頼りにならない人だと思われたとしたら、どういうことになるのか？

←

「みんな私にがっかりし、冷ややかな目で見るようになるでしょう」

←

冷ややかな目で見られたとしたら、どういうことになるのか？

←

「私を除《の》け者にして仕事を進めるようになるかもしれません」

←

除け者にして仕事を進められたとしたら、どういうことになるのか？

←

「私には価値がない、ということになるじゃないですか」

私がこういうお話をすると、多くの方は「私にはスキーマはなさそうです。自分には価値がないとまでは思いません」とおっしゃいます。ですが、思うとしたら、他人から低く

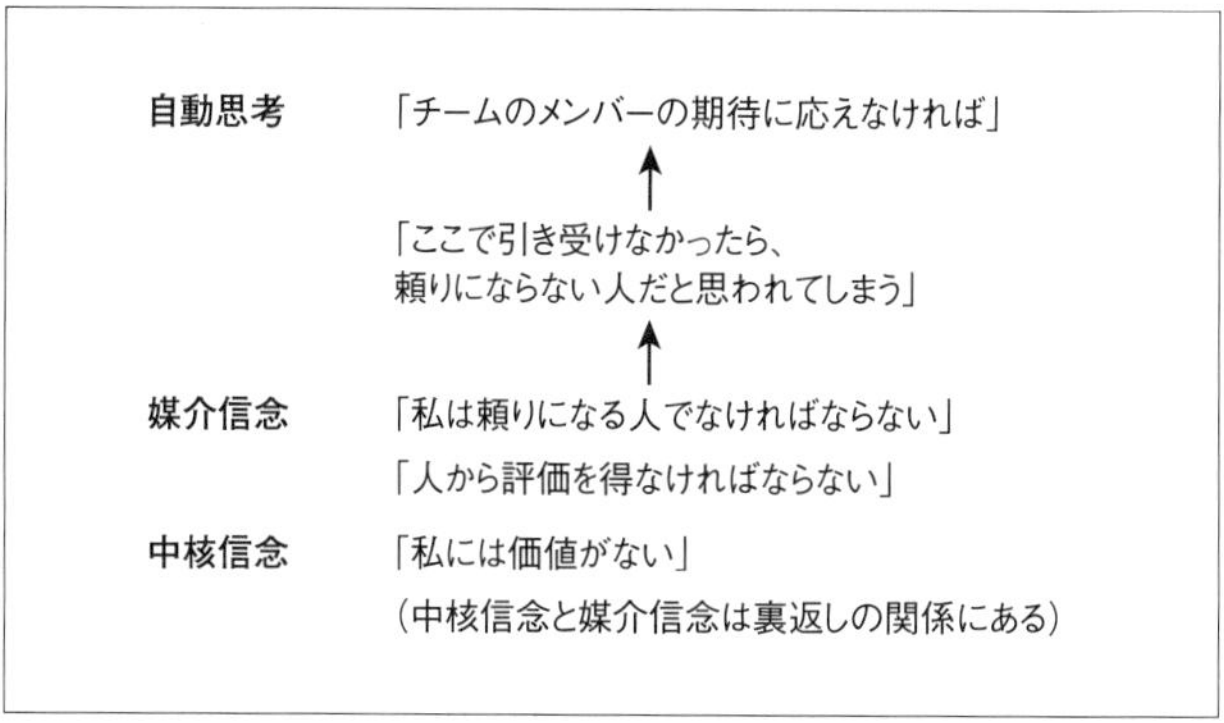
自動思考
「チームのメンバーの期待に応えなければ」
「ここで引き受けなかったら、
頼りにならない人だと思われてしまう」
媒介信念
「私は頼りになる人でなければならない」
「人から評価を得なければならない」
中核信念
「私には価値がない」
（中核信念と媒介信念は裏返しの関係にある）

図3　Bさんの自動思考とスキーマ（媒介信念・中核信念）

評価されたり除け者にされたりする、その瞬間でしょう。それ以外のとき、私たちはスキーマを認識しないようにしています。なぜなら、いつも「私には価値がない」「私は人から嫌われる」などと思いながら生きるのはあまりにも辛《つら》いからです。

その代わり、私たちはスキーマを行動戦略のような形で認識していることがあります。

たとえば、

「私は頼りになる人でなければならない（そうすれば価値がある）」

「私は相手が自分に望んでいるであろう行動を取らなければならない（そうすれば嫌われない）」

という感じです。

そう、スキーマは擬態するのです。**根本にあるスキーマが「中核信念」と呼ばれるのに対し、行動戦**

略のようなスキーマは「媒介信念」と呼ばれます。

中核信念と媒介信念は、コインの裏表のように正反対に見えることもあります。

「完璧な人のように振る舞っているけれど、内心は自信がない」

「気が強そうに見えるけれど、内心はビクビクしている」

という感じです。

だからこそ中核信念は探り当てるのが難しいのですが、ネガティブな自動思考から媒介信念に気づければ、それを裏返すことで、どんな中核信念を持っていそうか、大体のあたりをつけることができます。

スキーマが「現実の期待」をつくり出す

Bさんのケースでも、Bさんが感じているチームのメンバーからの期待は、スキーマが見せている幻でしょうか？

このケースでは、それだけとは限りません。ミーティングの場にいるBさんからすると、メンバーの態度や今までの経験、その場の雰囲気などから、もう少しはっきりとした形で期待を感じている場合もあるでしょう。

しかし、ここで留意していただきたいのは、**スキーマに動かされて行動しているとき、私たちは「現実の期待」をつくり出してしまう場合がある**ということです。

Bさんの例をもう少し続けてみましょう。

仕事を背負い込みすぎるBさん（2）

Bさんが抱えている仕事のひとつは、上司である部長が企画し、社内で「収益を大きく伸ばせる」と公言しているプロジェクトです。部長から直接依頼され、「君に期待しているよ」と言われているだけにBさんはプレッシャーを感じています。「期待を上回る成果をあげ、部長からの評価を得なければ」。そこにさらにいくつかの仕事が重なり、Bさんは疲労困憊《こんぱい》。それでも、周囲から心配されると「大丈夫」と余裕でやっているふりをします。結果的に勤務時間はどんどん伸び、定時で退社する同僚を横目に、

――毎日遅くまで残業……ということになってしまいます。

ここでBさんは、少なくとも部長から実際に「期待しているよ」と言われています。しかし、その期待をどう捉え、どう行動するかはBさん次第です。上司の期待を上手くかわしたり、ほどほどに応えたりしながら、出世していく人もいますよね。

私たちは誰かの期待にとらわれているとき、自分の行動を相手が選択したかのように考えています。しかし、実際に選択しているのは自分自身。このケースでも、「期待を上回る成果をあげなければ」と考え、行動を選択しているのは、他ならぬBさんなのです。

「このプロジェクトは自分の成功のために、ぜひ頑張りたい」と思えているなら良いですが、Bさんはそうではありません。「部長からの評価を得なければ」と他人からの評価にこだわり、義務感から頑張ろうとしています。

自分の成功のためというより「人から評価を得なければならない」という媒介信念に動かされて、結果的に他人のために頑張ろうとしている……。そうだとすると、Bさんは上司にとって都合が良い存在ではないでしょうか。最初はそのつもりがなくても、Bさんを自分の成功のために利用するようになる、ということもあるかもしれません。

場面　部長から仕事を依頼され「君に期待しているよ」と言われる

↓

認知　「期待を上回る成果をあげ、部長からの評価を得なければ」

↓

行動　無理をしてでも部長の公言が嘘にならないように頑張る

↓

場面　次回も部長から直々に仕事を依頼され、期待をかけられる

図4　Bさんが現実の期待をつくり出すパターン1（上司から仕事を任される場面）

また、Bさんは周囲から心配されても「大丈夫」と余裕でこなしているふりをしています。ここにも、Bさんが持っている「私は頼りになる人でなければならない」という媒介信念が関係していそうです。

その人の仕事の大変さというのは、本人が言わなければ、周囲にはわかりにくいものですよね。それを表現せず、差し伸べられた手も払いのけてしまう……。

Bさんがそういう行動を取り続けていたら、チームのメンバーはどう考えるでしょうか？

誰が担当するのか決まっていない仕事の担当を決めるとき、Bさんが引き受けてくれるのを当てにして待つようになるのではないでしょうか。そして、定時で退社する同僚を横目に、Bさんだけが毎日遅くまで残業……ということになっていく。

Bさんの持つ認知の歪みが、そうなるスパイラルを

場面　仕事の担当を決めるミーティングでメンバーが沈黙している

↓

認知　「ここで引き受けなかったら、
頼りにならない人だと思われてしまう」

↓

行動　無理をしてでも引き受ける。余裕でこなしているふりをする

↓

場面　次回の担当を決めるミーティングでも、
メンバーはBさんが引き受けることを期待して沈黙する

図5　Bさんが現実の期待をつくり出すパターン2（仕事の担当者を決める場面）

つくってしまっている面があるのです。

こうしてつくり出した「現実の期待」にBさんが応え続けられるのならばいいですが、どこかで限界を超えて倒れてしまうでしょう。体を壊したり、うつ病になってしまったりするかもしれません。

そうならないためには、**まず、自分がなぜこういう状況に陥っているのか、認知と行動のパターンを書き出してみることが有効です。**

書き出さないと、私たちは無意識的にそのパターンを繰り返してしまいます。

みなさんは、人の期待にとらわれて、自分を苦しめるようなパターンに陥っていないでしょうか？

その根底にはどんなスキーマがありそうでしょうか?

ぜひ書き出してみてください。客観的に認識することが、幻にすぎない期待に縛られたり、現実の期待を自分でつくり出したりすることから脱出するきっかけになります。

次章からは、認知の歪みを修正する方法を解説していきます。

第2章　行動パターンは変えられる？

——認知再構成法と行動実験

出来事と感情の間にあるもの

私たちは、焦ったり、不安になったりしているとき、その感情を生じさせたものは原因となる状況や出来事だと考えがちです。しかし、認知行動療法ではそうは考えません。**状況や出来事と感情との間には、物事の捉え方=認知が横たわっている**と考えます。

改めていえば、その認知がネガティブなほうに偏っている（認知の歪みがある）とき、それを修正したり、上手に距離を置いたりすることによって、生じる感情を変化させ、ひいてはうつ病や不安障害などの改善にもつなげる、というのが認知行動療法の考え方です。

× 状況・出来事 → → → 感情（焦り、不安、イライラなど）

○ 状況・出来事 → 認知 → 感情

認知は大まかに、より瞬間的で浅いレベルの「自動思考」と、より継続的で深いレベルの「スキーマ」とに分けられると第1章で述べました。このうち、比較的修正しやすいとされているのは自動思考です。それを変えるだけでも、生じる感情は変化しますし、思い込みを強化していくスパイラルを止めることにも役立ちます。

どんな自動思考が起こるかは場面によってさまざまですから、すべての修正法をご紹介することはできません。しかし、典型的とされる「思考のクセ」があります（Aさん、Bさんもいくつか持っていましたね）。なかでも、人の期待にとらわれやすい人が有しがちな思考のクセと、その修正法をご紹介していきましょう。

「過大評価と過小評価」の修正法

Aさん、Bさんに共通する思考のクセである「過大評価と過小評価」から見ていきましょう。

これは簡単にいえば、他人の都合や感情を過大に考える一方で、自分の都合や感情は過小に考える。あるいは、自分の欠点や失敗は厳しく評価する一方で、他人の欠点や失敗は甘く評価する。そういう自分に厳しく他人に甘い（その結果、他者優先になりすぎたり、他人と自分を比べて落ち込んだりしやすい）思考のクセです。

このクセをお持ちの方におすすめなのは、

「自分と同じような人が目の前にいても、同じように厳しく評価しますか？」

「自分が相手の立場だったら、どう思いますか？」

と自問してみることです。


15ページのAさんの例をもう一度見てください。

Aさん自身は作業する人の後ろに並んでいるときに「早くしてほしい」などとは思っていないわけです。それと同じように、Aさんの後ろに並んでいる人もそんなふうには思っていない、とは考えられないでしょうか。

同様に、Aさんは作業しているとき、後ろに並んでいる人に対して「プレッシャーをかけないでほしい」などとは思っていないでしょう。それと同じように、Aさんの前で作業している人も、Aさんのことなど気にも留めず、自分の作業に集中しているだけかもしれません。

そうやって、自分が相手だったら、そんな厳しいことを相手に要求しない、ということに気づければ、自分が感じている焦りや不安、イライラも生じにくくなります。

次に23ページのBさんの例を見てください。Bさんも、もし他のメンバーの立場だったら、大事なプロジェクトを抱えているとわかっているメンバーに「この仕事もあなたが担当してほしい」と期待するでしょうか？　そんなふうには考えないはずです。「前回もこの人に担当してもらったし、今回は私が担当するほうが良いのかも」くらいに思うのではないでしょうか。

そうだとすれば、Bさんが当初感じていた「みんな私にやってほしいと期待しているんだろうな」という考えは、妥当ではなさそうだと気づけると思います。

当たり前のことを言っているようですが、**自動思考は無意識に起こるので、「あえて意識的に」揺さぶりをかけないと、それが唯一の正解のように思い込みやすい**のです。

「すべき思考」の修正法

Bさんが持っている「すべき思考」についても修正法を紹介しておきましょう。

これは簡単にいえば、何かにつけて「～すべきだ」「～しなければならない」と、英語で言うmustで考えやすい（その結果、「すべき」と考えている内容を達成できなかったときに落ち込みやすい）思考のクセです。

このクセをお持ちの方は、

「～すべきと決めたのは誰ですか？」

「『すべき』を『できれば、～するほうがいい』と言い換えられませんか？」

「例外はどんなことがありそうですか？」

と自問してみるといいでしょう。

Bさんの「最年長である自分が担当すべきだ」という思考にこれを当てはめると、次のように考えられるのではないでしょうか。

「最年長である自分が担当すべきと決めたのは誰ですか?」
↓会社が決めたわけでも上司が決めたわけでもない。自分でそう考えているだけだ。

「『すべき』を『できれば、~するほうがいい』と言い換えられませんか?」
↓「できれば、最年長である自分が担当するほうがいい」と言い換えられる。

「例外はどんなことがありそうですか?」
↓たとえば、もし自分がいなかったら、チームの最年長はXさんになる。しかし、Xさんはこの部署に異動してから日が浅く、現状の仕事をさばくだけでも苦労している。最年長だからといって、彼女が担当すべきだ、ということにはならない。

こう考えてみると、Bさんが担当すべきだ、ということにもならない(できれば担当するほうがいいけれど、難しい場合はしなくてもいい)と気づけるのではないでしょうか。

「一般化のしすぎ」の修正法

続いて「一般化のしすぎ」についても修正法を紹介しましょう。

これは簡単にいえば、ひとつの出来事や失敗だけを根拠に「すべて〜だ」「いつも〜だ」と一事が万事式に考える（その結果、思考が大げさになったり、小さな失敗や人からの叱責を過大に受け止めてショックを受けたりする）思考のクセです。

このクセをお持ちの方におすすめなのは、

「それはいつもそうですか。100回中何回くらいですか？」

「限られた範囲のことを全体に広げすぎていませんか？」

と自問してみることです。

Bさんの「ここで引き受けなかったら、頼りにならない人だと思われてしまう」という思考にこれを当てはめてみましょう。

「それはいつもそうですか。100回中何回くらいですか？」
↓いつもではない。過去にそう思われたことがあった気もするが、思い出せないほど少ない。担当を断ったことが100回あるとしたら、せいぜい数回程度だろう。

「限られた範囲のことを全体に広げすぎていませんか？」
↓もし頼りにならない人だと思われるとしても、チーム内でだけの話だ。チームの全員から思われるわけでもない。もしかしたら一時的に思う人もいるかもしれないという程度だ。それなのに、まるで会社の全社員もしくは世の中のすべての人からそう思われるかのように考えていた。

いかがでしょうか？　ここまで考えることができれば、複数の思考のクセを持っていそうなBさんでも、自分の思考がネガティブなほうに偏っていると自覚できるでしょう。

このように、**自動思考をさまざまな角度から見直して、柔軟性を持った思考に修正していくことを「認知再構成法」と言います。**

自問自答によって揺さぶられた認知は、私たちの主観から切り離されて、「あれ？　唯一の正解のように思っていたけれど、違うかもしれない」と距離を取って眺められるようになります。少し大げさな言い方をすれば、洗脳から解き放たれるような感覚です。

ちなみに、期待にとらわれることに関係しやすい典型的な思考のクセとしては、他にも「自分への関連づけ」「根拠がない推論」「感情による決めつけ」「全か無か思考」などがあります。次ページの表を参考に、自分がどんな思考のクセを持っていそうか確認してみてください（1つと言わず、2つ、3つ持っている方が多いかもしれません）。

スキーマを書き換える「行動実験」

認知の中でも比較的表層にあり、修正が容易であるとされる自動思考に対して、より深いところにあり、修正が難しいとされるのが、「自分には価値がない」「他人は自分を蔑《さげす》むものだ」といった、自分や他人や世界に関する根本的な思い込み＝スキーマです。

図6　典型的な思考のクセ

一般化のしすぎ	1つか2つの失敗や嫌な出来事だけを根拠に「すべて〜だ」「いつも〜だ」のように一事が万事式に考える
自分への関連づけ	良くないことが起こったとき、自分と関係ないことまで自分に原因があるように考える
根拠がない推論	はっきりとした根拠がないまま結論を急ぎ、否定的にあれこれ考える
感情による決めつけ	客観的事実ではなく、自分はどう考えているかを手がかりにして、状況を判断する
全か無か思考	白か黒かをはっきりさせないと気が済まない。YESかNOか、善か悪か、敵か味方かなど、極端な判断をする
すべき思考	「〜すべきだ」「〜しなければならない」といった言葉で表現される考え方に固執する
過大評価と過小評価	自分の短所や失敗を実際よりも厳しく考え、長所や成功を過小に考える。逆に、他人の長所や成功を過大評価し、短所や失敗を見逃すことも

スキーマは人生の早期に形成され、経験によって繰り返し強化されるので、自問するだけで修正することはできません。**スキーマに揺さぶりをかけるには、「その思い込みが事実かどうか、行動によって確かめること」が必要です。これを「行動実験」と言います。**

たとえば、Aさんのようなスキーマ（中核信念は「私は人から嫌われる、もしくは攻撃される」、媒介信念は「相手が自分に望んでいるであろう行動を取らなければならない」として話を進めましょう）をお持ちの方は、信号のない横断歩道を渡るとき、自動車が一時停止して待ってくれていると、相手の都合を優先するあまり、ドライバーに過剰なほどペコペコ頭を下げたり、駆け足で渡りたくなったりするかもしれません。

「そこまで気を遣《つか》わなくて大丈夫だよ」

と言われ、頭では理解したとしても、そうしないとなんとなく不安になると思います。不安という感情は、私たちが危険から身を守るために身につけた原始的な感情で、頭で理解するだけでは消えてくれないのです。

スキーマにそぐわない行動を取るときに生じる不安。それを緩和するには、実際に行動して「大丈夫だった」という安心感を積み重ねるしかありません。

前述の場面であれば、頭を下げるのは会釈程度にして、マイペースで横断歩道を渡る、という行動をあえてしてみる。歩行者優先ですから、そんなことで怒るドライバーは少ないでしょう。そうしたら「ゆっくり渡っても大丈夫だった」とホッとできると思います。その体験をもとにして、公の場で書類記入などの作業をするときにも「自分のペースで落ち着いて書いてみよう」と思えるかもしれません。そして、また安心感を得る。

そういう行動実験を繰り返すうちに、

「相手が自分に望んでいるであろう行動を取らなければ、嫌われる（もしくは攻撃される）」

という思い込みが正しくなかった、と心から納得できていくと思います。

どんな結果を予想して行うか

行動実験の効果を高めるには、なんとなく行うのではなく、それをいつ、どのように行うのか、どんな結果になったら、自分の思い込みは正しかったことになるのか（間違っていたことになるのか）を事前に明確にし、意識的に行うことが大切です。

仕事を背負い込みすぎるBさんのケースで考えてみましょう。「ここで引き受けなかったら、頼りにならない人だと思われてしまう」という思い込みをターゲットとして行動実験を行う場合、次のように計画を具体化することが有効だと考えられます。

行動実験の日時

次回の担当決めミーティングがある3月15日（金）。

どんなふうに行うか

担当が決まらず、チームのメンバーが沈黙しているとき、名乗り出ずに様子を見る。自分が担当するように促された場合には、他の仕事で手一杯であることを伝える。

結果の予想とそこから言えること

チームのメンバーが溜息をつき、自分を除け者にするように担当決めを続けたら、思い込みは正しかった（期待に応えなかったから失望された）ということになる。

自分の状況を理解してもらえたら、失望されるという思い込みは間違っていたことになる。

ここからは、実際にBさんがこの行動実験を行ったという体裁で見ていきましょう。

3月15日のミーティングでは、ひとつの仕事が担当者未定のまま残りました。難度はそれほどではないものの、期間のわりに量が多く、慣れを要する仕事です。誰が担当するの？　ミーティングの場に沈黙が流れます。

「最年長である自分が担当すべきだ」

という思考がBさんの中に湧きましたが、すぐに修正しました。「できれば、私が担当するほうがいい。でも、そんなルールを会社や上司が決めたわけでもない。難しい場合はしなくてもいい」。

メンバーたちの視線がBさんに集まります。

「みんな私に期待しているんだろうな」

Bさんはプレッシャーを感じ、手に汗が滲《にじ》みはじめました。しかし、「これはあえていつもと違う行動を取ってみる実験だ」と自分に言い聞かせ、ぐっとこらえます。

しびれを切らしたメンバーの一人がBさんに水を向けました。部署でBさんに次いで2番目の古株です。

「Bさんはいかがですか?」

いつものBさんだったら、「ここで引き受けなかったら、頼りにならない人だと思われてしまう」と心配になり、私が担当するよ、と言ってしまうところです。しかし、今日は行動実験をすることを意識して思いとどまりました。そして、

「今、部長から依頼されたプロジェクトもあって手一杯なんだ。悪いけれど、他の人にお願いしたい」

とはっきりと伝えます。

いつもとは違うBさんの態度に、メンバーは意外そうな顔をしました。

Bさんは表向きは冷静な態度ですが、内心はソワソワしています。みんなが私にがっか

りして、溜息をつくのではないか……。そんな想像が膨《ふく》らむのです。

しかし、メンバーたちの反応はBさんの予想とは違うものでした。

「やっぱり、部長から依頼されたあのプロジェクト、Bさんでも大変なんですね」

そう発言したのは、Bさんに年齢が近いXさんです。

「担当が決まっていない仕事、私にやらせてください。この部署に異動してようやく慣れてきたところなので、いろいろな仕事を経験しておきたいんです」

部署で2番目の古株メンバーも言います。

「それなら、私がフォローしますよ」

Bさんは少し驚きました。がっかりはされないとしても、もっとも良くて「いかにも仕方なくという感じで、他のメンバーが引き受ける」という反応を予想していたからです。ここまで違うとは思いませんでした。

その驚きを察したXさんが言います。

「Bさんが手一杯だとはっきり言うのは珍しいじゃないですか。よほど大変なんだろうなと。私たちもBさんに助けられてばかりではなく、力になりたいと思っているんです」

こうして、行動実験によって自らの思い込みが間違っていたことを確かめたBさん。同時に、自らに寄せられる期待の内容についても誤解していたことに気づきました。

チームのメンバーは、大変な仕事はできるだけBさんが担当してほしい、と期待していたのではなく、

「いろいろな仕事を経験しておきたい」

「Bさんの力になりたい」

と思っていた（自分たちにもっと任せてほしい、頼りにしてほしい、と期待していた）のです。

「なぜそれがわからなかったんだろう？」

とBさんは不思議でした。

これが「認知の歪み」というものです。

第1章で、スキーマは「世の中を見るときのレンズのようなもの」と書きましたが、そのレンズが歪んでいると、世の中が歪んで見えてしまいます。

そして、**スキーマが自分に要求していることを、あたかも周囲の自分への期待であるかのように思い込んだり、スキーマに合うように現実の期待をつくり出したりするのです。**

Bさんも、今回の行動実験だけでは、完全にスキーマを克服することは難しいでしょう。今後も繰り返し「私には価値がない」という中核信念や「私は頼りになる人でなければならない、人から評価を得なければならない（そうすれば、価値がある）」といった媒介信念に動かされ、時には自分を苦しめるような行動パターンに戻ってしまうこともあると思います。

しかし、自分のスキーマに気づければ、それが強化されていくスパイラルを止めることができますし、その都度、認知再構成法と行動実験を行っていけば、改善することができます。

まずは第一歩を踏み出し、認知の歪みの修正を始めることが大切です。

第2章では、思考のクセとスキーマを修正する方法について解説しました。次章からは、人の期待に縛られやすくなる4つのスキーマについて、より詳しく解説していきます。

第3章　期待に縛られやすくなる思い込み
——自己犠牲スキーマ

典型的な4つの思い込み

人生の早期に形成されるスキーマは、その人の生育歴や人生経験などによって多種多様ですが、大まかにはいくつかのカテゴリーに分類できると言われています。

なかでも、人の期待に縛られることに関係しやすい4つを挙げておきましょう。

「私が犠牲にならなくちゃ」――自己犠牲スキーマ

幼少期に両親のもとで安心感を持つことができず、いつも顔色をうかがってばかりいたなど、自分の感情や「やりたいこと」を抑制されたために身についてしまうスキーマです。

大人になってからも、自分より相手の感情や欲求が気になり、自分を犠牲にしてでも相手に尽くそうとします（周囲からそう期待されているかのように思い込む）。その場の雰囲気を悪くしないために、相手の機嫌を損ねないために、当然のように自分を抑えて行動するのです。

自己犠牲的に振る舞うことで短期的にはその場を丸く収められても、長期的には「都合のいい人」として扱われたり、不本意なことが重なったりして、自身もストレスが溜まっていき、突然キレてしまうことも少なくありません。

第1、2章で解説したAさん、Bさんのスキーマも、大まかなカテゴリーでいえば、ここに分類されると考えられます（より細かくは、Aさんは他人が自分に望んでいることに従おうとする「服従スキーマ」、Bさんは他人の評価や承認に過度に依存する「評価と承認の希求スキーマ」）。

「ちゃんとしてなくちゃ」——完璧主義スキーマ

厳格すぎる両親に躾《しつ》けられるなど、幼い頃から喜怒哀楽をのびのび表現することを抑えられたり、些細な失敗にも気をつけていなければならなかったりした結果、身についてしまうスキーマです。

大人になってからも「感情は抑えるべきだ」と思っていて、完璧な人として振る舞おうとします（周囲から完璧であることを期待されているかのように思い込む）。

思考が否定・悲観に傾きやすく、自分にも他人にも厳しいタイプです。一見すると冷静で自信満々な態度ですが、自分の本音や弱さをさらけ出せないので、ストレスが溜まっていきます。

感情的で自由奔放に振る舞う相手にはイライラさせられることも多く、その感情も抑えようとするので、そうした人と一緒に仕事をしなければならなかったり、家族など離れられない関係にあったりする場合、広い意味での期待に応えよう（苦手な人だが、こちらが感情を全面的に抑えて付き合おう、など）と無理をすることになります。

「私はできないことだらけ」──「能力に自信がない」スキーマ

幼少期に周囲の大人から何かにつけて「できない子」として扱われたり、自分でできるようになったことも任せてもらえなかったりする経験を重ねることで身についてしまうスキーマです。

自分の能力について漠然と「ダメ」「欠陥がある」と思っています。自分はできない、自分に自信がないと感じていて、他人の思考や感情に巻き込まれやすいのが特徴です（「自分の意志で行動するな」「私に従っていなさい」と周囲から思われているかのように思い込む）。

だからこそ、自分の行動について誰かに「こうしてもいい」と保証してもらいたいし、自分の能力を評価される場面を極端に避けたり、自分よりもっと能力のありそうな人に頼ったり依存したりします。結果的に、いつも誰かの思いに動かされがちです。

「私は愛されない」──「愛されない」スキーマ

たとえば、幼少期に両親からかまってもらえず、寂しい思いをさせられたり、弟や妹ができた途端に両親がそちらばかり可愛がるようになったりするなど、愛されたい、という欲求が満たされなかったために身についてしまうスキーマです。

このスキーマを持っていると、大人になってからも「私は愛されている」という安心感を持つことができません。「人は自分を見捨てていく」「この人と今は一緒に過ごしていても、何かあれば去っていくだろう」「私はひとりぼっちだ」などと思い悩むことが多く、人間関係で苦労しがちです。

また、スキーマが形成される過程で「良い子にしていれば、愛される」といった媒介信念を身につけることで、過剰に良い子でいようとしたり、相手から褒められるような行動ばかり取ろうとしたりするようになることも少なくありません（自分が周囲からそう期待されているかのように思い込む）。目の前の相手からの愛情を得ようとするあまり、他人に振り回されてしまうのです。

（ちなみに専門的には、この4つに加えて「**自己コントロール欠如スキーマ**」と呼ばれるカテゴリーがあるのですが、人の期待に縛られることとは関係しづらいため、ここでは割愛します。また、本書での説明の都合上、順番と言葉を少し調整させていただきました。ご了承ください）

いかがでしょうか？　当てはまりそうなスキーマがありましたか？

もし複数あるとしても、どうか心配はしないようにしてください（どれもまったく当てはまらないという人のほうが珍しいかもしれません）。スキーマは自覚しない限り、基本的には一生続いてしまい、それに従った行動パターンに陥ってしまうものなのですが、**自覚できれば、「今、私が自分を犠牲にしてまで相手の期待に応えようとしているのはあのスキーマを持っているからだ」と、少し距離を取って眺められるようになります。**

さらに、意識的にスキーマに揺さぶりをかけ、行動実験によって思い込みの修正を行っていけば、スキーマを書き換えていくことも可能です（少し時間はかかりますが）。

まずこの章では、自己犠牲スキーマの修正法を解説していきましょう。

スキーマを検証する

自己犠牲スキーマを持っている人がどんな葛藤《かっとう》に陥りやすいかをお伝えするために、少し具体的な場面を設定します。次の例を読んでみてください。

自分の希望を犠牲にしようとするCさん

Cさんは2児の母親で、下の子が4歳になったところです。仕事では新卒から同じ会社に10年ほど勤務し、能力を評価されるようになっています。そんな折、職場でずっと憧れていたプロジェクトリーダーをやってみないかとの打診を受けました。「ぜひ挑戦したい」と思ったCさんですが、次の瞬間に不安になります。勤務時間が長くなり、夫の家事・育児の負担を増やすことになるのが目に見えているからです。帰宅後に相談すると、夫は「応援するよ」と言ってくれたものの、内心不満そうな顔。その表情を見てこう思います。「きっと今までどおり家事・育児をやってほしいと期待しているんだ……」。さらに実母に下の子の保育園の送迎を頼んでみようと電話をする

――と、こう言われました。「子どもが小さいうちから、仕事でそんなに欲張らなくてもいいじゃない」。Cさんは自分の希望を捨てれば丸く収まる、と思いはじめます。

Cさんは子どもが小さいからという理由で自発的にキャリアをあきらめようとしているわけではありません。自分では「ぜひ挑戦したい」と思いながらも、夫の「今までどおり家事・育児をやってほしい」という期待を察し、自分を犠牲にしなければならないかのように考えています。その思考は、実母の価値観を伝えられたことでいっそう強まってしまったようです。

今までのCさんであれば、自分の希望をあきらめて、夫の期待に応えようとするところでした。

しかし、Cさんの中で変化が起こります。スキーマについて学び、自分が自己犠牲スキーマの持ち主であることを自覚したのです（という設定で話を進めます）。

「私が夫の期待に応えようとしているのは、自己犠牲スキーマのせいかも」

そう気づいたCさんは、過去を振り返ってみました。

「そういえば、私はいつも目の前の相手を優先して自分を引っ込めてきた」

Cさんの両親は不仲で、喧嘩ばかり。特に父親は強い調子で物を言うタイプだったので、幼心に「お父さんをこれ以上怒らせたら、お母さんがかわいそうだ」と心配し、いつも父親の顔色をうかがっていました。本当は遊びたい盛りだった小学生の頃も、父親が機嫌を損ねないように、友達と遊ぶことよりも父親の服にアイロンがけすることを優先していたほどです。

また、Cさんには1学年下の妹がいます。天真爛漫な性格で、Cさんよりも親戚一同の注目を集め、可愛がられていました。親が2種類のおもちゃを買ってきたときも、Cさんはいつも妹に「先に選んでいいよ」と譲っていました。

その後の人生も常に人に何かを譲ってきたように思えます。

親友にさえ遠慮がちでした。一緒に遊ぶときは常に相手の都合のいい場所まで迎えに行っていましたし、親友の行きたいところに遊びに行くのが常でした。

社会人になってからは、同僚に負担をかけてはいけないと思うあまり必要な協力を求められなかったり、「他の人も希望しているから」という理由で仕事のチャンスを譲ったりしてきました。

言われなくても相手の期待を察し、いつも自分を犠牲にしてきたのです。

そんなCさんが結婚後、家庭でも夫に対して自分を出せないのは当然の流れでした。

Cさんは改めて思います。

「私はずっと親の期待に沿い、友達の期待に沿い、夫の期待に沿って生きてきたんだな」

さらにこう自問します。

「私はこれで幸せなんだろうか?」

少なくとも自分の子どもたちには、こんな人生を歩んでほしくない、と思いました。自分のように自身を犠牲にばかりする人になってほしくないのです。

ここでCさんが行ったのは「スキーマを検証する」という作業です。

これまで繰り返し述べてきた通り、スキーマは人生の早期の経験によって形成されます。その経験を（少し辛いことですが）振り返ってみるのです。どんな経験によって、そのスキーマを身につけてしまったのか、その後のどんな経験でスキーマが強化されてしまったのか……。

それを見つめたら、次はスキーマが今は役に立たないものになっていることを確認します。「今は」と書いたのは、**どんなスキーマも形成当初は自分を助けるものだった**からです。Cさんの自己犠牲スキーマも、身につけた当初は家族の平和を守り、ひいては自分の心を守ることに役立っていました。その後は友人との関係を良好に保つことに役立っていたでしょう。

しかし、**本章の冒頭で挙げた4つのスキーマは、大人になるにつれて人生に害をもたらすものになっていきます。**Cさんの自己犠牲スキーマも、人の顔色ばかりうかがって自分の望むことにチャレンジできなかったり、職場では仕事を、家庭では家事・育児を上手く分担できず、一人で抱え込んで苦労したりする原因になっていました。

過去には自分を助けてくれたスキーマが今や生きづらさをもたらすものになっていることを検証したら、最後にスキーマの書き換えを始めるために自問します。

そのスキーマによって、自分は幸せだっただろうか？
そのスキーマによって、これから自分は幸せになるだろうか？
スキーマに従う／従わないの選択の責任は誰にあるのだろう？

大げさなように思われるかもしれませんが、長年持っているスキーマと決別するのは生半可な覚悟ではできません。それを揺さぶるには、このくらい強い自問が必要なのです。

Cさんも自問を経て、こう決意します。

「今回は今まで通りにはならない。自己犠牲スキーマに抗《あらが》ってみよう」

自己犠牲スキーマに抗う行動実験

仮にCさんが自己犠牲スキーマを持っていなかったとしても、置かれた状況が難しいことに変わりはありません。2人の育児をしている身で勤務時間が長くなるのは相当な負担です。

だからこそ大切になるのは、Cさんの家族らしい配分で、新しい役割分担を築くことでした。

Cさんはそれを夫に伝えるという行動実験を試みます。

行動実験の日時

明日の夜、子どもたちを寝かしつけた後。

どんなふうに行うか

プロジェクトリーダーの仕事に挑戦したい、という希望を改めて夫に伝える。

そのうえで、下の子の保育園のお迎えをお願いする。

結果の予想とそこから言えること

自己主張したことで夫が不機嫌になり、平和な関係が壊れてしまったら、「私は自分を犠牲にして家族のために尽くさなければならない」という思い込みは正しかったことになる。夫に自分の希望を尊重してもらえたら、思い込みは間違っていたことになる。

ここからはぜひ、スキーマを克服しようとするとき、どんな葛藤が生じるかを想像しながら読んでみてください。

当日の夜、子どもたちを寝かしつけた後、Cさんは切り出します。
「私、今回の仕事のオファーを受けてみたい。以前からチャレンジしたかったことだし。でも、きっと勤務時間はこれまでよりもっと増える。子どもたちにも負担かけるし、保育園のお迎えだって間に合わない日もありそうなの。それでね……」

話す最中から夫の表情は硬くなっていきました。それはCさんも予想していましたが、やはり自己犠牲スキーマがうずきます。自分のキャリアのために夫の負担を増やすなんて、とんでもないことのように思えるのです。夫の反応を見て、これまでなら早々に自分の主張を引っ込めるところでした。しかし、ここはぐっとこらえて続けます。

「それで、あなたにも保育園のお迎えを頼みたいし、母にも来てもらえたらと思う」

夫は何か言いたげなまま口をつぐみ、Cさんの話を聞き終えてから言いました。

「前にも言った通り、応援したい気持ちはあるよ。でも、子どもたちはまだ小さいんだ。これ以上寝る時間が遅くなったら悪影響じゃないか？　プロジェクトリーダーはまた何年後かに回ってくるよ。何も子どもがこんなに小さい時期に無理して引き受けなくてもいいじゃないか」

正論であり、自己犠牲スキーマの持ち主であるCさんに馴染みやすい意見です。

しかし、Cさんは抗ってみることにしました。どんな結論になるかより、夫に自分の意見をぶつけて、自己犠牲スキーマに従う人生からの脱出を試みることに意味があると考えたのです。

「私もそう思う。でも、それだと結局、私が自分を犠牲にするいつものパターンなの」

思わず口を突いて出た「自分を犠牲にする」という言葉に夫がイライラしはじめました。

「僕が君に自己犠牲を頼んだ覚えなんて一度もないよ。自己犠牲だと思われていたなんて心外だ！」

Cさんにとって夫の機嫌が悪くなるのは最大の警報です。自己犠牲スキーマがうずき、「危ない。この場を丸く収めるために自分の主張を引っ込めなさい！」とCさんに警告します。

Cさんはその恐怖と戦いながら、話し合いを続けました。

「私もこれまで自己犠牲なんて思ってこなかった。でも、気づいたの。ごく自然に私がお迎えを担当して、自然にキャリアをあきらめてきた。母の世代がそうしてきたから、自分もそうするのが当たり前だと思っていたんだと思う。でも、昔の価値観のまま今の共働きを乗り切ろうとするのは無理がある。お互いに協力して、私たちにとってベストな家族のあり方を考えていこうよ」

「急に言われても、感情がついていかないよ」

夫はそう言って別室にこもってしまいました。

Cさんは、恐ろしさでいっぱいのまま、夫に謝ったり機嫌をとったりしたい衝動を抑えていました。とても辛い時間でした。

ところが、翌早朝……。

台所から音が聞こえてきます。Cさんが起きると、夫が朝食をつくっていたのです。

「昨日は感情的になってごめん。僕も君を応援したいんだよ。まだどうしたらいいかわからないけれど、僕にできることはやっていこうと思う」

Cさんは思わず涙が出ました。人生で初めて自己主張して、それを夫が不器用ながらもちゃんと受け止めてくれたことがうれしかったのです。

と同時に、こうも思いました。

「目の前にいる夫は、必死で機嫌を取らなければならなかった父親とは別の人だ。それなのに、私はなぜ子どもの頃と同じように自分を犠牲にしてでも夫に尽くさなければいけないと思い込んでいたんだろう?」

Cさんの根深い思い込み＝スキーマが書き換わりはじめた瞬間でした。

「確かに夫は今までどおり家事・育児をやってほしいと私に期待していたかもしれない。でも、それは私が何年もかけてそう思わせるように仕向けてきた面もある」

ということにも気づいたCさん。実母にも改めて協力を求める勇気が湧きました。

スキーマの中でも、自己犠牲スキーマにチャレンジするのは特に勇気が必要かもしれません。相手との平穏な関係を壊すかもしれない、という不安を伴うからです。

Cさんのケースでは家族の役割分担を変えるという重要な場面で行動実験を試みていますが、リスクが高いと思われるようであれば、もう少し日常的で安全な場面、たとえば、いつも当たり前に行っている夕食後の洗い物を夫に頼んでみる、子どもの入浴を夫に任せて一人でゆっくりお風呂に入ってみる、といった実験から始めてもいいかもしれません。

大切なのは、自己犠牲的な行動パターンをあえて変えてみて、どうなるかを試してみることです。

職場であれば、同僚にあえて軽い頼み事をしてみて、引き受けてもらえるか試してみる、という実験でもいいでしょう。「自分が困っていても同僚の邪魔をしてはいけないと思い込んでいたけれど、案外気持ちよく応じてもらえた」といった結果を得られることが多いと思います。

いずれにしても、**目の前にいる相手は、幼少期に必死で顔色をうかがい、機嫌を取っていなければならなかった親ではありません。また、もし不機嫌にさせてしまったとしても大丈夫です。大人である今の自分なら、死ぬことはありませんし、きっと上手く対処できます。スキーマを身につけた子どもの頃の感覚のまま怯えているだけなのです。**

そのスキーマも、行動実験とその結果を積み重ねることで書き換えられていきます。

次の章では、完璧主義スキーマを手放す方法について解説していきましょう。

第4章　自分の「当たり前」をどう疑うか

——完璧主義スキーマ

完璧な人として振る舞おうとする

完璧主義も自分を苦しめるような行動パターンに陥りやすいスキーマです。45ページでご紹介した思考のクセの中でも、特に「すべき思考」と「全か無か思考」につながり、うつ病の原因にもなりやすいと言われています。

それがどう人の期待に縛られることと関係するのか、例を挙げて説明しましょう。

「完璧な人」に閉じ込められているDさん

Dさんは周囲から失敗をしない人だと思われています。仕事ではミスをせず、仕事以外のこともそつなくこなし、若い頃は社内で「できる人」だと認識されていました。しかし、入社から十数年が経った今、その高い能力に見合うほど成功しているとは言えません。周囲の同僚たちが失敗を恐れずにさまざまな仕事にチャレンジするなか、自分が完璧にできることにこだわり、また、自分の手に余る仕事でも周囲に助けを求めることを拒んできたためです。Dさんはこう言います。「でも、仕方がありません。

――周囲の人たちは私に完璧な人間であることを期待しているんです」。

完璧主義スキーマをお持ちの方は、何事も完璧にこなさなければならない、という自らの思い込みを周囲からの期待であるかのように感じていることがよくあります。さらに、いつもストイックに完璧を目指してきた結果、実際に仕事などで高いクオリティを期待されるようになることも多いでしょう。

その結果、Dさんがそうであるように、何かを始めるときのハードルが上がりすぎてしまい、新しいことへのチャレンジを避けるようになったり、人の力を借りるべき場面で助けを求めることができずに苦しんだりすることも少なくありません。

完璧主義スキーマに気づくためのステップ

このスキーマを克服する方法も、基本的には自己犠牲スキーマと同じです。復習をかねて改めて述べると、

① スキーマが形成された人生の早期の経験を振り返る
② スキーマが今は役に立たないものになっていることを確かめる
③ 強い自問によってスキーマを手放すことを決意する
④ 行動実験によって思い込みの内容を書き換える

という手順です。

Dさんの完璧主義スキーマはどのように形成され、強化されてきたのでしょうか。Dさんの経験を振り返ってみましょう。

Dさんの完璧主義のスキーマが形成されたのは、小学4年生まで遡《さかのぼ》ります。

Dさんは中学受験のため学習塾に通っていましたが、テストでケアレスミスを頻発し、いつも満点を逃していました。母親は非常に教育熱心で、テストの結果を見せると、満点の科目には一切触れず、満点を逃した科目を指摘し、クラスで1位を逃したことを責めました。Dさんは深く傷つき、涙を浮かべました。そんなとき母親は、「泣いたってミスは減るわけじゃないんだから、歯を食いしばって復習すべきよ」と励まします。Dさんは涙を堪えて深夜まで母親と一緒に問題を解き直しました。

そのおかげで、5年生になる頃には学校でも塾でも常にテストで1位をとれるようになりました。成績表が出るたびに母親は大喜び。その後も高校生に至るまで、常に努力し成績優秀でした。

しかし、大学受験の数日前に高熱を出し、第一志望の大学を不合格になってしまいました。両親は第二志望の大学への進学を許しません。浪人をすることになりましたが、気分は崖っぷちでした。特に心配性の母親は、Dさんが少しでも家でくつろごうものなら、以前にも増して声をかけてきます。予備校の学費を出してもらっている手前、肩身が狭く、家でさえ緊張を強いられる生活でした。感情を押し殺し、ロボットのようにとにかく無心で勉強し続けたのです。

こうして一流大学に合格したDさん。合格の知らせを聞いた両親は泣いて喜びました。

Dさんの胸にはっきりと「やっぱり完璧に振る舞って努力すれば報われるんだ」という思いが刻まれました。

こうして、Dさんの完璧主義スキーマは強化されていったのです。

しかし、感情を押し殺し、完璧に努力をしても報われないことがある、ということをまだDさんは知りません。高校卒業後、Dさんはそういったことにたびたび直面します。

たとえば、大学生活の中でDさんは、同じアルバイト先の女性に恋をしました。持ち前の完璧主義を発揮して、悩みを相談されれば優しく対応し、何時にメールが来ても丁寧に返し、バイト帰りに家まで送るなど、この上なく紳士的に振る舞います。やがて一緒に外食をするようになり、相手の好みを把握して美味しい店に連れて行ってあげたり、好きな映画のチケットを手配しておいたりとあらゆる手を尽くしました。しかし、満を持して告白したところ、彼女から気まずそうにこう言われてしまいました。

「ごめんね。友達としては好きだけど、付き合うのは……」

Dさんとしては、自分に何が足りなかったのかという思いです。自分のどの言動が彼女を失望させたのか、どこを改善すれば好きになってもらえるのかと質問しましたが、明確な答えは引き出せません。

また、Dさんはパーティや懇親会のような場が非常に苦手でした。所属する天文サークルでは、特に豊富な天体の知識をもっていることや、みんなが嫌がる裏方仕事を率先して行ってくれることもあって、同性の友人から人気があり、信頼を集めていました。

しかし、天文サークルのOBを招いた懇親会でのことです。懇親会は立食形式で、自由にいろいろな人と交流するものでした。Dさんは定例会の司会など、役割が明確で議事がはっきり設定されている場で話すことは得意ですが、こうしたパーティのような場でどう振る舞えばよいのかわかりませんでした。そのため、みんなが楽しそうに語らう中で、どの輪にも入れず、一人会場の隅《すみ》でひたすら料理を食べていました。これまでこのサークルに誰よりも貢献してきたはずなのに、どうして自分はみんなのように楽しめないのだろう。だんだんみじめな気持ちになってきます。

社会人になってからも、似たような状況は続きました。職場ではその完璧な仕事に定評があります。しかし、飲み会などの懇談の場での居心地が悪いのです。より正確にいえば、会議の始まる前のちょっとした間や、お昼やコーヒーブレイクなどの休憩時間に、他の同僚同士がいつの間にか親しくなっていて、楽しそうに語らっているその輪に入ることができないのです。

Dさんは与えられた課題をきちんと達成することには長けていますが、何事にも完璧に振る舞うことを自分に課すあまり、他人との親密な関係を築けずにいたのです。

あなたの認知は事実を正確に捉えているか

過去の振り返りが終わったところで、スキーマが今は役に立たなくなっていることを確かめてみましょう。

これまでの経験を思い返しながら、Dさんは次のように自問自答しました。

「自分が前提にしてきた『感情を押し殺し、完璧に振る舞って努力すれば報われる』というのは間違っていたのだろうか？　いや、少なくとも受験と両親との間ではうまくいっていた。でも、それ以外では通じないのかもしれない。あるいは、いつの間にか世の中のルールが変わっていたんだろうか」

ここまで考えたとき、抱えていたモヤモヤに、はっきりと輪郭ができました。

「そうか。世の中のルールが変わったんじゃない。自分は受験というごく狭い範囲の世界のルールしか知らなかったんだ」

少なくとも、このまま完璧主義スキーマを持ち続けていても報われない、辛いままだということを確信しました。

では、どうすればよいでしょうか。

ここでDさんは、同じ部署で自分とは全く逆のタイプである、人の懐《ふところ》に入るのがうまい、憎めないキャラとして愛されている同僚のYさんの様子をこっそり観察することにしました。前章のような大胆な行動実験を実施する勇気がない人におすすめの、「**観察法**」というやり方です。

観察法は、認知行動療法が徹底的な実証主義に立っていることを如実に表している技法で、アメリカの精神科医で多くのベストセラーを著しているデビッド・D・バーンズ先生による、うつに悩む人のためのセルフヘルプ本『いやな気分よ、さようなら——自分で学ぶ「抑うつ」克服法』（星和書店）の中でも紹介されています。

観察法は、私たちの認知が「事実を正確に捉えているかどうか（妥当性）」について、実際に仮説を立てて調査し、その結果に応じて認知や行動のあり方を見直していくというものです。日々の暮らしの中で、自分に決まった認知のパターンがあることによって見逃していることがあるのではないか、と疑うところから始まります。

たとえば、

「自分以外の人はみんなしっかり者で、休みの日も朝から家事をこなしているのだろう。それに引き換え私はお昼過ぎまで寝ているし、部屋は散らかり放題。私は怠け者なんだ」という認知のパターンを持っている人は、誰かに休みの日に何をしているかを聞き出すことなどしません。そんなことをすると、他人の充実した休日の話を聞かされ、ますます自分がみじめに思えてしまうからです。

この場合、他人の休日の過ごし方についての事実を見逃しているわけですから、そこをあえて尋ねてみます。そうすると、

「じつは私も休みの日は遅くまで寝ているんだ」

「休みの日にはよくお出かけするけど、家事はほったらかしなんだ」といったような、これまで知らなかった事実を耳にするかもしれません（もちろん逆に「早起きして家事をこなしたあとジョギングをして、その後友人に会うんだ」といった、充実した回答も得られるかもしれません）。それもひとつの真実でしょう。なるべくたくさん情報を得て、そのうえで並べて眺めてみると、「そうか、休日もきちんとして充実している人もいるけれど、私と同じようにズボラな人もいるんだな」という結論に至るかもしれません。当初の認知（「私だけが怠け者」）よりも真実に基づいていて、なおかつ自身が安心できる認知に改めることができるでしょう。

Dさんもこの観察法を実施してみました。

しばらくYさんを観察していると、驚くことばかりでした。

最も驚いたのは、Yさんが会議中に発言の矛盾点を上司に指摘されたときのことです。Dさんならば、矛盾が生じたことを謝罪し、なぜ矛盾が生じたかを弁解して、いつまでに修正するといった代替案を出すところです。しかしYさんは、「しまった！」と言いながら口を大きく開けたのです。

そんなYさんの率直な反応に、思わず笑いが起きました。上司は怒るどころか、自分にはその矛盾点が見えていた、我ながら良い指摘をしたとでも言いたそうな顔をしています。人のいいYさんのキャラだからこそ許されたのかもしれません。しかし、同じような状況を経験してきたDさんには衝撃でした。Dさんならば、その上司はさらに細かい矛盾点まで指摘して問い詰めてきたことでしょう。

どちらのほうが仕事ができるかで言えば、YさんよりDさんのほうが上なのは誰の目にも明らかです。しかしYさんは自身の不完全さをあっさり認め、そのことによって上司のプライドを傷つけず、他の会議メンバーから「ではそのプロジェクト、私がフォローしますよ」というサポートまで引き出していました。

Dさんは羨《うらや》ましくなり、自身を顧《かえり》みました。

「完璧さや正しさだけが世の中で評価されるルールではないのかもしれない。素直に不完全であることを認めることで、周りと対立せずサポートまで引き出せるなんて。私はなんのために感情を抑圧して、完璧であることを演じてきたんだろう。

そして、自分が欲しかったのは評価じゃなくて、他人との親密な関係なんだ。私はずっと完璧に振る舞うことで、人を遠ざけてきたんだ」

Dさんは Yさんを観察することによって、ようやくこれまで持っていた「完璧に振る舞って努力していれば報われる」という自分のスキーマを認識できました。同時にそれを手放して、「時には不完全さを出すことで、人と仲良くなれる」と書き換えてみることができたのです。

完璧主義で近づきづらかったDさんの変化に最初こそ戸惑った同僚ですが、徐々に距離が縮まり、Dさんは同僚と親密な関係を築くことができるようになりました。それはDさんの人生の中でとても新鮮なことで、心から嬉しいことでした。

「自己認識の完璧主義」と「業績の完璧主義」

ここでご紹介したDさんは、完璧主義の中でも「**自己認識の完璧主義**」と呼ばれる側面を強く持っています。自分が才能豊かで完璧でなければ人から受け入れてもらえない、という信念です。

完璧主義にはもうひとつ、「**業績の完璧主義**」があります。これは常に完璧を求めるあまり、失敗したり目標に到達できなかったりすると自分自身を責める傾向を指します。たとえば、

「仕事のすべてにおいてミスをしてはならない」

「毎日家事を完璧にこなさなければならない」

などがそれに当たります。相手にどう見えているかというよりも、不完全な自分を許せない、自分に厳しい思い込みです。どんなに相手から「よくやっているよ」「大丈夫だよ」と保証されても、本人は聞く耳を持たず「違うんだ。これじゃ不完全なんだ」と自分を責め続けてしまうのです。

「業績の完璧主義」の側面を持つ方は、勤勉で努力家で自分に厳しいぶん、素晴らしい業績を残し、周囲から評価されている人が数多くいます。一方であえて批判的な見方をすれば、課題に費やすことのできる時間と労力は有限であるのに、最後の数パーセントの不完全さを埋めようとするあまり、努力のタイムパフォーマンスをことごとく無視しているともいえます。

完璧主義がどうしても捨てられない方には、この「現実を無視している」という事実を、自分自身へのツッコミとして意識してもらうことにしています。

「おいおい、そんなに徹夜までして追い込んで仕事をしたところで、自己満足なんじゃないか？　会社や同僚としては、貴重な労力と時間を他のことに回してほしいんじゃないか？　その努力は評価してもらえないかもしれないぞ」

といった感じです。あるときには、「ひとりよがり注意報」という言葉が痛烈ながらも響く場合もあるでしょう。

スキーマの中でも、**完璧主義スキーマは最も自覚しづらいことで知られています。自分にとっては「完璧」になど振る舞っているつもりはなく、やるのが当たり前と認識されているからです。**

Dさんのケースでは、大学生の頃から勉強以外の場面で役に立たなくなっていたスキーマについて、日常生活の安全な場面で他人を観察することによって見直すことができるようになっていきました。そして、現在置かれている状況で最も通じやすいものにスキーマをアップデートできたと言えるでしょう。

しかし、これまで信じてきたルールが通用しなくなったときに、持っているスキーマを全否定して、

「自分にも世の中にも失望した。もう誰も信じない」

と、心を閉じたくなる人もいらっしゃいます。Dさんが上手だったのは、**自分の完璧主義スキーマを全否定するのではなく、「受験には有効なスキーマだったけど、それ以外では別かも知れない」と広い視野で捉えることができた点にある**と言えるでしょう。

第5章 「決められない」を克服する

——「能力に自信がない」スキーマ

漠然と自分に自信が持てない

この章では、「能力に自信がない」スキーマを手放す方法について解説していきます。

ここで言う「能力に自信がない」というのは、特定の技能に自信がないというものではありません。漠然と自分に自信が持てない、とでも言えばよいでしょうか。何事も人より劣っている気がする、できない気がする、という思い込みです。

それがどう、人の期待に縛られることと関係するのでしょうか。

まずは、このスキーマにどのぐらい当てはまるのかをチェックしてみましょう。次のような経験はありませんか。

- □ 会議で自分の意見に大半の人が賛成しても、反対の人が少しでもいると傷つく
- □ 「あなたの好きにしていいよ」と言われるとなかなか決められない
- □ やらなければならないことを先延ばしにする

□ やったことがないこと、新しいことにチャレンジしない
□ 誰かと常に一緒にいる
□ 人に比べて心配性だと感じる

あえてここでは「あなたは自分の能力に自信がありますか?」という尋ね方はしていません。多くの日本人は謙遜《けんそん》してしまうからです。しかし、こうして例を挙げてみると、案外当てはまるものもあったのではないでしょうか。

「能力に自信がない」スキーマがもたらすもの

「能力に自信がない」スキーマがあることで、どうして人の期待にとらわれやすくなるのでしょうか。

漠然と自分に自信がないと、自分の判断に自信が持てず、誰かに判断を委《ゆだ》ねたくなります。そんなとき、身近に頼る人がいると、人生は容易に、その人の影響を受けたものに

なっていきます。

もちろん、仕事で大事な判断をするとき、転職先を考えるとき、不動産などの大きなものを購入するときなど、重大な決断をする際に、専門家や友人などに意見を求める人は多いでしょう。ただ一方で、もっと日常的で些細なこと——たとえば「メールでこんな返事をしたら嫌われないかな」とか、「今度の飲み会に誰を呼ぶべきかな」といった小さな決断ですら自信が持てず、常に誰かに頼っていたとしたらどうでしょうか。

人の気分や基準が気になり、それに振り回されるようになるかもしれません。

そして、人の考えることにばかり気を配るので、自分が本当は何を感じているのか、どんな本音を持っているのかがわからなくなっていきます。自分が完全に「お留守」になるのです。そうなると徐々に、生きている実感を持ちづらく、空虚さに襲われやすくなっていきます。

打開のための2つのステップ

ここからは、自分の能力に自信がない人が、人の期待に縛られないようにするための認知行動療法の技法をお伝えできればと思います。

ポイントは、2つのステップです。

ステップ1：自分と相手との間に境界線を引く

自分に自信がないがゆえに依存してしまう相手がいる場合、最大の問題は、自他の境界が曖昧になっている点にあります。

「あの人が認めてくれたんだから大丈夫」

「あの人のそばにさえいれば大丈夫」

というのは、他人との距離の取り方として適切であるとは言えません。

まずは、自分と相手は別の人間であり、異なる思考や感情を持っていると認識しましょう。そのうえで、「自分で認めることが大事なんだ」「あの人のそばにいても自分は自分でしかない」と考えを修正していくことが必要になります（このステップ1については、順番が前後してしまうのですが、大事なステップのため第8章で詳しく解説します。ひとまずステップ2を読み進めていただいて構いません）。

ステップ2：自分なりの判断や意思決定ができるようになる

「それができたら苦労しないよ」と思われるかもしれません。漠然と能力に自信がないと感じている人に、「自分で決めましょう」というのは無理があります。

しかし、段階を踏むことで、誰であれ少しずつ、自分なりに物事を判断することができるようになるのです。ここでご紹介するのは、そんな「決定の極意」です。

「決められない」人は、その対象がなんであれ、それについて頭の中だけでぐるぐると考え込んでしまう傾向にあります。決定を保留したまま、悩みの無限ループにハマってしまうのです。

そうならないためにはまず、**「手を動かして具体的に動く」のが最大の秘訣です。複雑すぎる悩みを、もう少し解決可能なシンプルな形で切り取っていくのです。**この章では、このステップ2に焦点を当てたいと思います。

お伝えしたいのは、「モノの整理」「時間の整理」「思考の整理」という3段階で動いていくということです。徐々に難易度が増していきますので、順に進めましょう。

モノの整理のルール

「能力に自信がない」スキーマを持っている人は、人からもらったモノを捨てたり、家族で共有しているモノについて「捨てるか否か」の合意形成をしたりするのが苦手であることが多く、家にたくさんのモノを溜め込みがちです。決断できないときに頭の中が整理できていないのと同様に、モノもまた整理できず、部屋が散らかりがちです。

そのため、目に見えるモノの整理からスタートするのは、自己決定の練習のスタートにもってこいです。遠回りに思えるかもしれませんが、「クローゼットの整理」「靴箱の整理」「書類の断捨離」「冷蔵庫やパントリーの整理」あたりから始めるとよいでしょう。

もう少し具体的に、モノの整理の仕方について述べておきましょう。

☑使う頻度が低いモノはいらない

どんなに高額で手に入れたモノでも、今日まで使わなかったのならば不要なものです。自尊感情の高い人ほど物を溜め込まず、目の前の不要物より自分を大切にします。高価な数万円の時計と、世界にたった一人しかいないあなたの価値の差は歴然としています。「もったいない」「なぜ使わなかったんだろう」と理想を追い求めず、「使ったかどうか」のこれまでの実績で捨てるか否かを判断しましょう。捨てたとしても、必要になったときにまた入手すればいいのです。

☑用途の被るモノはいらない

使う用途が被っているモノは、思い切って処分しましょう。たとえば、入門書やビジネス書などの書籍の類《たぐ》い。「今のうちに副業を始めよう」「プレゼン力を身につけたい」「体に優しい料理を作れるようになりたい」など、いくつもの自己啓発本やマニュアル本に手を出して、多くの本が「積読《つんどく》」になっているケースがあります。1冊買って、なんとなく不安でもう1冊買って……。今度は「どっちの本を信じたらいいのだろう」とまたもう1冊。情報の海の中で迷子になりそうです。本に限らず、その本の用途を改めて振り返ってみましょう。似たような用途のモノは複数必要ありません。

☑置く場所は目の届くところに

これまで使わなかったモノでも、「母の肩身の時計」「来客用にと思っていた素敵な食器」など思い入れのあるものはあります。こうした捨てるのに胸が痛むものの場合は、物理的な工夫をしましょう。棚の奥深くに収納するのではなく、日常的に目の届く場所に移動させるのです。「いつも座っている書斎のデスクのすぐそばに時計をディスプレイしよう」「来客なんて年に数回だし、この食器はふだん使いにしてしまおう」と考えて、生活の動線上にそれらを移動させるわけです。

時間の整理のルール

モノの整理が終わったところで、次は時間の整理の仕方です。

人の期待に縛られていると、なかなか自分のために時間を使うことができません。予定があったとしても、突然の他人の依頼や誘いを優先してしまいます。

まずは、24時間の使い方をスケジュール帳に書き出して客観視することをお勧めします。具体的には、1週間分の「実際に何時に何をしていたか」を1時間刻みで記録しておくのです。

そうして集まったデータは、じつに多くのことを教えてくれます。

試しに、自分のために使った時間を緑、他人のために使った時間を赤、といったように色分けしてみてください。自分のための時間は、入浴に食事、睡眠、身支度や爪切りのようなセルフケアの時間も含みます。洗濯や食事の準備のような家事は、自分のためだけでなく家族のためという側面もありますので、比率に応じて色分けしましょう。他人のための時間は、他人の長電話に付き合ったり、プレゼントを探したり、病院に付き添ったり、家事や育児、付き合いで行く映画や仕方なく参加する忘年会などが含まれます。

あなたの1週間は緑色でしょうか？　赤でしょうか？

自分のために使うことのできている時間があまりに少ない方には、以下の対策をお勧めします。

☑1日24時間をどう使っているか顧みる

1日24時間という、すべての人に平等に与えられている時間について、ふだんそれをどう使っているか、私たちはあまり顧みません。

たとえば、「神経質な上司の要求に応える時間」を1時間捻出すれば、当然ながら人生の時間は1時間減ります。なのに「残業代が出るんだからまあいいか」と、その時間を厭《いと》わない人もいます。いくら残業代が出ても、時間を取り戻すにはもっとお金が必要です。大掃除に費やしていた時間は業者に依頼すれば捻出できますが、3万円支払ったところで省略できる時間はせいぜい2時間です。

あなたの貴重な24時間に、無理に人の期待に応えるための時間を紛れ込ませるのはやめましょう。自分の時間を確保するためには、「この時間の使い方で、自分の健康、安全、お金、人付き合いは良好に保つことができるだろうか」という基準で、活動を取捨選択する意識が大切です。

☑やりたいこととやるべきことのバランスをとる

24時間を「（他人のために）すべきこと」で埋め尽くされないためにおすすめの方法は、週の始まりに、スケジュール帳に「この1週間でやるべきこと」と「やりたいこと」をそれぞれリストアップすることです。

たとえば、他人のためにやるべきことは青、自分がやりたいことは緑で色分けして、何月何日の何時にそれをするかまで決めてしまいます。そうすると、1週間後には青ばかりになっていないか、緑ばかりになっていないかが一目でわかります。青（やるべきこと）ばかりになっていると、そのうち体調を崩してしまうかもしれません。もしそうなってしまったら、体調が優《すぐ》れなかった日を、頑張りすぎを自分自身に知らせる意味で、赤で記録しておきます。そうすると、スケジュール帳の色があなたの調子のバロメーターになります。

思考の整理のルール

モノの整理、時間の整理と進んで、ようやく「思考の整理」に辿り着きました。

「能力に自信がない」スキーマをお持ちの方は、「ああでもない、こうでもない」と、結論が出ないまま、ずっと考え事をしている傾向にあることは先ほどご説明しました。それの何が問題かというと、結論や解決策が編み出せないまま、精神的にも肉体的にも消耗し、疲れ切ってしまうことです。

そうならないためには、**意思決定の枠組みを使って「結論」を早めに出し、考え事のループから脱出すること**です。

順を追って説明していきましょう。

自分について考えている状態には「反芻《はんすう》(rumination)」と「省察《せいさつ》(reflection)」という2

つの種類があります。反芻とはこの章で述べてきた、考え続けるわりには決断できず、同じ思考をループしてしまいどんどん消耗していく状態で、不安やうつ病とも関連するといわれています。反芻しているとき私たちは、自分の否定的な面や失ってしまったもの、過ぎ去ってしまったどうにもできない出来事にばかり注意を向け続けています。目の前で起こっている現実を分析したり、これからどうすべきかについては気が回りません。そのため、たくさん考えごとをしているわりには解決策が見つからず、気持ちは沈む一方というわけです。

しかし、同じ自分についての考えごとでも、生産的で問題解決に向かいやすいのが省察です。学術的には「省察は自己理解を促し、精神的衛生を促進する適応的な側面を持つ」(Trapnell & Campbell, 1999) といわれます。つまり、物事の本質について深く考えたり分析したりすることで自己探求を楽しむことが省察です。

省察がどのようなプロセスを経て適応的な結果につながっているかはわかっていません。人生を哲学的に捉えたり自己分析を深めるという点では、考える量自体は反芻と変わらないのですが、目を向ける対象がネガティブな面だけではないのも特徴です。

反芻ではなく省察を目指すには、次の3つの意思決定の枠組みを参考にしてみてください。

①大枠から決めて、細部を考える

決断できない人は、細部から際限なく考えるせいで、思考の森の中で迷子になってしまいがちです。まずは物事を細部ではなく大枠から決めていくことで、自分なりの答えを導くのが格段に早くなります。

②自分が人生で大切にしたい価値観に合致しているかを考える

あなたが人生で大切にしたいものとは何でしょうか。そう聞かれても、よくわからないという人も多いのではないでしょうか。

詳しくは本書の第9章、第10章でお話ししますが、前提として、人が人生で何を大切にして生きるかは誰かが教えてくれるものではなく、絶対的に自由であり、自分自身が決めることが最も正しい、ということです。

たとえば、人生で大切にしたい価値観が「誠実さ」であったとしましょう。

友達に本当のことを言ってあげたいけれど、傷つける結果になりはしないか、自分が嫌われてしまうのではないかという不安があったとします。こうした思考に整理をつけるときに、その価値観を思い出してみるのです。

「私は誠実さを軸に生きていくと幸せを感じるタイプだった。友達をなるべく傷つけないように、でも自分が嫌われるリスクを考えて保身に走るのではなく、ちゃんと誠実に伝えよう」

自分が大切にしたい価値観を思い出すことで、そんなふうに決意できるかもしれません。

また、ある友人と、一緒にいるときには楽しいけれど、会った後にとてつもなく疲れて体調を崩すことが続いているとしましょう。この友人との付き合い方についてあれこれ悩んで、思考の整理がつかないのだとしたら、あなたが大切にしたい価値観について思い出してみるのです。

「あの人は確かに素敵だし、楽しい。でも会った後にこんなに疲れるのは、自分がどこか無理して合わせているからだろう。それは、その人の前ではあまり自然でいられないからだ。どこか変なところを見せたら、嫌われる気がすると考えてしまうからだろう。それはあまり誠実な関係とはいえない」

そう考えることで、その友達の前での振る舞いを見直したり、もっと自然に付き合える友人と過ごす時間を増やしていけるかもしれません。

③「したいこと」と「できること」の重なる部分を選ぶ

自分の進路や仕事の決断だけでなく、住まいや家族のことなど、私たちは人生において、大きな決断を繰り返します。当然のことながら、大きな決断は「自分がやりたいこと」だけでは判断できません。

たとえば職業の選択は、非常に大きな事項です。得手・不得手の差が激しい方にとっては、「やりたいこと」と「できること」に大きな隔たりがあり、その共通項を見つけるまでに時間と労力を要するかもしれません。

その解決法は、本書の第10章で解説させていただきます。ぜひ、これまでの人生を振り返って、「実際に成し遂げてきたこと」と「自分なりの幸せ度」の重なりを見つけて、「やりたいこと」と「できること」の共通項を探してみてください。

第6章　「条件付き自尊感情」から抜け出す

――「愛されない」スキーマ

スキーマは「予言」する

この章では「愛されない」スキーマについて扱います。

「愛されない」スキーマとは、人が生きていくうえで必要な「およそ自分はある程度は誰かに好かれるだろうな」とか「おそらく他人は自分のことをわかってくれるだろうな」といった手応えがないまま育った人が持つことの多い信念です。

まずは、「愛されない」スキーマにどのぐらい当てはまるのかをチェックしてみましょう。次のような考え方を持ってはいませんか。

- □ 自分のことを誰かにわかってほしいという願望が他人より強い気がする
- □ どんなに仲良くなった人でも、本当の自分を知ったら逃げていくだろうと、どこかで冷めて見ている
- □ しょせん他人は他人。どうせわかってくれないので、完全には心を許さないようにしている

□ 誰かに見捨てられて傷つくくらいなら、深く関わらないほうがいいと思う
□ 誰かが自分によくしてくれるときには、たいてい裏があると思う
□ 人間関係を築くのが苦手で、なるべく人を避けている

いかがでしょうか。

私たちは多かれ少なかれ、「人に対する距離感」や「最低限の警戒心」を持っています。ですから、すべてまったく当てはまらないという方は珍しいはずです。

しかし、「愛されない」スキーマを持つ人は、幼い頃に他者に愛されず満たされなかった感情が大人になっても心の奥底にあって、非現実的なほど高い願望を持ったり、相手の些細な態度から多くを判断したりと、極端な考えに走りがちです。

「相手と深く関わらないほうがいい」「なるべく人を避ける」というのも、誰かに愛されたい強い願望の裏返しかもしれず、冷めた人間観を持つことで傷つかないようにしている側面があります（媒介信念）。だから、「私を好きだなんて絶対嘘だ！　もう構わないで」と叫びながらも、猛烈に愛を求めるという複雑な態度をとってしまう。この苛烈《かれつ》さとわかりにくさに振り回された周囲は疲れ果て、スキーマの「予言」通り、望んだ愛情を得られな

いことがしばしばあります。

他に「愛されない」スキーマを持っている人が抱きがちな媒介信念として、次のようなものがあります。

・親や兄弟に対して、何度も自分のことを好きか確認する
・家族に対して自分のことをすべて理解してほしいと望む
・友人との距離感が近く、自分の友人が他の友人と仲良くするのが怖い
・友人には自分のすべてをわかっていてほしいと自分をさらけ出す（その結果、相手が思うような反応をくれないと不安になる）
・人と少しでも気まずくなると、早々に縁を切ろうとする

本当の自分を偽るということ

「愛されない」スキーマを持っていると、なぜ人の期待に縛られやすくなるのでしょう

か。

「愛されない」スキーマを持つ人は、通常とは明らかに違う温度――言うなれば〝生きるか死ぬか〟くらいの勢いで人からの愛を求めます。そして愛情を求めようと、そのエネルギーは自分にではなく、惜しみなく相手に注がれます。すると、

「相手は確かに自分に愛情を注いでくれているのだろうか？」

「本当に信用してもいいのだろうか？」

「裏切る予兆はないだろうか？」

と、常に相手の一挙手一投足に注目するようになってしまう。その結果、自分でも気づかないうちに、ボロを出さないようにしようとして、本当の自分を偽りだします。これはまさに、人の期待に縛られている状態です。

「条件付き自尊感情」の落とし穴

愛情を求めようと相手の期待に応え続け、疲れ切ってしまう。そうならないためにも、

認知行動療法の技法は有効です。
そこで突然ですが、質問です。次の文章の括弧内に自分なりに言葉を補うとしたら、あなたなら何を入れますか？　少し考えてみてください。

「私は（　　　　　）だから自信がある（もしくは自信がない）」

何を入れても構いません。たとえば、

・私は「仕事で成功している」から自信がある
・私は「あんな高いマンションを買えた」から自信がある
・私は「SNSでフォロワーがたくさんいる」から自信がある
・私は「子どもを立派に育て上げた」から自信がある
・私は「あんなすごい人のパートナー」だから自信がある

といったものでしょうか。

実はこの括弧内に入った言葉こそが、あなたの自尊感情の基盤になっているものです。「愛されない」スキーマを持っている人は、

・私は「あの人に愛されている」から自信がある
・私は「誰からも愛されていない」から自信がない

といったように、○○に「人から愛されるかどうか」が入るかもしれません。

自尊感情（self-esteem）とは、ありのままの自分を受け入れ、大切に思う感情のことです。しかし**「愛されない」スキーマを持っている人は、自尊感情の基盤が「人から愛されるかどうか」に強く左右されます**。

あなたが括弧内に入れた言葉は、自尊感情を持つための「条件」と言えるでしょう。条件が整えば安定する自尊感情の持ち方を、**「条件付き自尊感情」**と言います。

この条件付き自尊感情には、落とし穴があります。それは、「条件」が他者に依存する場

合です。人の心ほど移ろいやすく、縛ることのできないものはないからです。

こんなふうに言うと、「愛されない」スキーマの持ち主の方は「やっぱり人の愛情なんて不安定で、信じられないものだ」と悲観するかもしれません。しかし、この事実について、うっすらと「そうではないか」と感じ、誰よりも不安がっていたのは、他ならぬ「愛されない」スキーマの持ち主ではないでしょうか。いつか愛されなくなるかもしれないという不安は、考えないようにすればするほど膨らむものです。

無条件の自尊感情とは？

心理学的には、不安を避けるよりもむしろ直面したほうが不安感が和らぐことがわかっています。ですから、「愛されない」スキーマをお持ちの方こそ、「もしも誰からも愛されなかったとしたら、どうやって過ごしていこう？」と考えてみるべきです。

「天涯孤独ならば、生きている意味がない」

そう思われるでしょうか。確かに友人や家族、恋人や仕事仲間に囲まれて、愛情を交換し合える人生は豊かでしょう。

一方で世の中には、「周りから十分に愛されているのに、肝心の自分が自分自身のことを好きではない人」もいます。これもまた、不幸なことです。たとえ世界中の人から愛されていても、最も身近な存在である自分がそれを否定して、最も近くから非難しているのです。

しかし、ありのままの自分を好きでいるというのは難しいことです。先ほどの質問で、括弧内の部分にさまざまな言葉が即座に出てきた方は、まだまだ現状の自分に満足していない可能性が高いでしょう。

そうであっても、**自尊感情を持つ際に自分に何の条件も課さない、「無条件の自尊感情」を持っている状態を、ぜひ目指していただきたい**のです。それは、仕事で成功していてもしていなくても、誰かに愛されていても愛されていなくても、ありのままの自分から目を逸らさずに、自分に価値があると感じることができる、という状態です。

自分に厳しく他人に優しい方であればあるほど、親しい人に対してならば、無条件にその存在を肯定しているはずです。

「人生は長いんだから、うまくいかない時期だってあるよ。あなたの価値はそれでも変わらないって」

そんなことが、〝他人にならば〟すぐに言えるものです。

そうした眼差しを、同じように自分に向けてみましょう。自分自身に対して大きなハードル（条件）を課すことなく、そのままの自分を受け入れて価値ある人間だと感じる練習をするのです。なるべく主観的にならず、友達にアドバイスするような距離感と客観性を保つことがポイントです。自分が自分を愛することは、人生における最大のセーフティネットであり、幸せの条件であるとさえ言えるでしょう。

とはいえ、自尊感情というのは個人によって大きく異なります。自尊感情の低い人がその「行動面」を変化させることで、徐々に自信を取り戻していく方法については、第9章で扱います。

まずはスキーマを自覚する

ありのままの自分を少しずつ受け入れていくと、相対的に人からの愛情に自尊感情の基盤を置くことが減ってきます。相手から見捨てられないように必死で作り笑いをしながら、ご機嫌をとっていた自分が、もう少し自分の気持ちに正直になって相手と対峙できるようになるかもしれません。嫌われたくなくてNOと言えなかった人が、「今日はやめておくね」とはっきり誘いを断れるようになるかもしれません。

さらに、「愛されない」スキーマを持っている人が、こうして相手への態度を変えていくと、おもしろい現象が起こります。相手の態度もまた、変わってくるのです。

相手から見れば、「愛されない」スキーマを持つ人は、

「こちらの顔色をうかがう、自信なさげでおどおどした態度」

「本心がわかりにくい、優柔不断な態度」

に見えるものです。

こうした人と対等で親密な関係が築けるものでしょうか。おどおどした態度は魅力的ではありませんし、本心がわかりにくい相手に、人は心を開くことはできません。毎回一方の要望ばかりで物事が決まっていく関係性ができてしまうと、その人に心理的な負担を抱かせてしまうことにもなるでしょう。

結果として、実際に「愛されない」状況も生まれてしまうのです。

ご自身の「愛されない」スキーマを自覚したうえで、

「過度に相手の顔色を気にしない」

「自分の正直な気持ちを伝える」

「時には弱みも見せる」

そうした態度で人と接することができるようになるには、どうすればよいでしょうか。

そのためには、「愛されない」スキーマを手放すことが必要です。

「愛されない」スキーマを手放すには

「愛されない」スキーマは、持っていると人を信じにくくなり、また自分のことも否定的に捉えてしまう厄介な思い込みです。できれば持っていたくないスキーマなのに、一度身についてしまうとなかなか手放せません。

なぜかというと、「自分は愛されないんだ」と思い込むことで他人に期待するのをあきらめ、自分を防衛できるからです。また、このスキーマを持っていることで他人の顔色に敏感になり、気の利く人として評価されたり、場の空気を良くしてくれる人として好かれたりすることもあります。どんなスキーマにも、その人にとっては救世主のような面があり、だからこそ手放すのが難しいのです。どんなに厄介であっても、そのスキーマは自分を守り、日常の中で役に立ってきたからこそ根付いたものだということを理解しなければなりません。

では、「愛されない」スキーマを手放すにはどうすればよいのでしょうか。

ここで補助線として参照してみたいのが、（急に何のことかと驚かせてしまうかもしれませんが）日本の「除霊の文化」です。

除霊は悪霊がとり憑《つ》いたとき、霊と会話できる人（霊媒師）を呼んで退散してもらうものですが、霊媒師は多くの場合、いきなり悪霊に対して「出ていけ」とは言いません。「あなたはこんな思いを持っていたんだね。でももうあなたは亡くなっている。この人の体から出ていきなさい」といった趣旨のことを伝えるイメージではないでしょうか。

ここで注目したいのは、除霊の前段階で行う「相手の存在を認める」というプロセスです。

というのも、これは「愛されない」スキーマを手放すときにも有効な考え方だからです。

「そうだよね。当時はあんな状況で、スキーマを身につけざるを得なかったよね」

そのようにスキーマをまずは認めてあげたうえで、

「今日まで私が不用意に傷つくのを守ってくれてありがとう」

と、その役割を労うことで、悪霊が成仏するように、根付いたスキーマと折り合いをつけることができるのではないでしょうか。そうやって、幼い頃の自分が傷つきながら必死で作り上げたスキーマに「成仏」してもらうのです。

スキーマを書き換えるヒント

とはいえ、厄介なスキーマを手放すことができたとしても、「これからどういうルールで人と接していくか」という新たな難問が待ち受けています。言い換えれば、古いスキーマの上に、どのように新しいスキーマを定着させるかという問題です。

ここからは、「愛されない」スキーマをその逆の「愛される」スキーマに書き換えるための道筋についてご紹介していきます。

これまでの人生をゆっくりと振り返ってみてください。ことごとく誰にも愛されない人生だったでしょうか。今日まで生きてきた中で、誰かに優しくされた経験、助けてもらえた体験はありませんか。

「同級生とはうまくいかなかったけど、部活の顧問の先生だけは自分を認めてくれた」

「同性とはうまくいかなかったけど、恋人だけは温かく受け入れてくれた」

「あの職場だけは自分を重宝してくれた」

わずかな期間、特定の人でも結構です。「例外的にあのときは愛されていたかも」「あのときだけは人を少しでも信じられた」という時期を思い出してみましょう。なぜなら、その経験から生み出されたスキーマがあるはずだからです。

その時期を思い出してみると、そこからたとえば、

「少し歳の離れた人が相手の場合には、短所も大目に見てもらえるのかもしれない」

「異性のような距離感だといいのかな」

「得意な分野で知り合う人とはうまくいくのかも」

といったような、なんとなくで構わないので、自分なりの経験則が見えてきませんか。すぐには思い出せないこともあるでしょう。あまり難しく考えずに、楽しかった時期、あのときは自分らしかったなという瞬間、我ながらよく乗り越えたなという体験、安心できた経験などを思い出してみましょう。

誰かの顔を思い浮かべてみてもいいかもしれません。自分の心の近くにいる人の顔が思い浮かびますか。その人とこれまでにどんなことがあったでしょう。どうしてその人を近いと感じるのでしょうか。きっとそう感じるに至るようなエピソードがあったのかもしれません。

こうして、自分の中の「愛される」スキーマにつながる素材が集まったら、自分にわかりやすい形にして、常に思い出せるようにしておきます。スケジュール帳にメモしておいてもいいですし、スマホのメモ機能を使ってもいいでしょう。たとえば、

「私は多くの人に愛されるキャラじゃないけれど、わかる人にはわかってもらえる」

「不器用で同世代とはうまく付き合えないけれど、少し歳の離れた人からは好かれやす

い」

などといったところでしょうか。このメモは、誰かに理解されず、孤独感にさいなまれたとき、つまり「愛されない」スキーマが刺激されたときに、〝心のお守り〟になります。そして、何度もその言葉に触れることで、自分の新しい「愛される」スキーマを形作ることができるのです。

しかし、生まれたばかりの「愛される」スキーマは、年季の入った「愛されない」スキーマに簡単に負けてしまいます。あえてスキーマを擬人化して表現するならば、古いスキーマはもっともらしく、「おまえなんかどうせ愛されるわけないじゃないか。調子に乗るな」とけなしてくることでしょう。おせっかいな人のように「大丈夫？　そんなに人を信じたら、また酷い目に遭うよ」と助言してくるかもしれません。

だからこそ、生まれたてのスキーマの味方を増やしておく必要がありそうです。

「でも過去に親切にしてくれた人がいたのは事実だ」

「世の中には私を受け入れてくれる物好きもいる」

など、新しいスキーマを守る言葉を用意しておくのです。

「愛されない」スキーマの書き換えには、年単位の時間がかかるといわれています。しかし、少しずつでも取り組んでいけば、確実に前進することができます。ゆっくりでいいので、「愛される」スキーマを育てていきましょう。これまでに紹介した行動実験や調査法を併用すれば、さらに力強く新しいスキーマのことが信じられるようになります。

次の章では、人と対等で親密な関係を築くための「アサーション」という考え方をご紹介します。

第7章　対等な関係を築くコミュニケーション術

──アサーションの「ＤＥＳＣ法」

人間関係における行動は変えづらい

ここまで、人の期待に縛られやすくなる4つのスキーマを挙げ、それぞれを持つ人の特徴とスキーマを克服する方法について解説してきました。いずれのケースでも、過去には役立っていたスキーマが今では生きづらさの原因になっていることを確認するとともに、これまで当たり前に取ってきた行動パターンを意識的に変え、自分のネガティブな思い込みが正しくないことを行動実験によって確かめることが鍵になっていましたね。

しかし、人間関係の中で行動パターンを変えることには難しい面があります。**いつもとは違う行動を取ろうとするあまり、相手との間に軋轢《あつれき》が生じてしまったり、居心地の悪さを感じた相手が少し強引に元の行動パターンに引き戻そうとしたりすることが考えられる**からです。

特に付き合いが長い相手との間で、

「あなたはこういう人だよね」

とキャラクターが定着していたり、

「私たちの関係では、あなたはこういう役割だよね」

「私がこう行動すれば、あなたはこう行動するよね」

という双方の役割が出来上がってしまっていたりすると、それを覆《くつがえ》すのは容易ではありません。その関係を変えていくには、コミュニケーションのスキルも必要になります。

そこでご紹介したいのが、**「アサーション（assertion）」**と呼ばれる技術です。

アサーションの基本的な考え方

アサーションは、ごく簡単にいえば、お互いの立場や気持ちを尊重しつつ、対等に自己表現していく、アサーティブ（assertive＝積極的な）なコミュニケーションスキルです。

歴史的なことにも少しだけ触れておくと、その始まりは1970年代のアメリカに遡ります。当時のアメリカは人権運動の真っ只中。その中で、自分の意思や考え、感情を表現することの大切さが、これまで権利を主張できない立場にいた人たちにも認識されはじめました。その中でアサーションの基本的な考え方とスキルが確立されていきます。そして

1980年代になると、アサーションは教育、福祉、医療などの対人援助職の方々を対象としたトレーニング手法として用いられるようになり、いっそう広く知られるようになりました。日本には1984年に移入され、日本の文化に合うように調整されて今に至ります。

アサーションは、**相手を尊重して良い関係を築くためには、対等であることが重要**だという前提に立っています。

相手に気に入られようと、言いたいことを抑えて自己表現できないのは本当の意味での良い関係とは言えません。一方で、自己表現することを優先しすぎて、相手の立場や気持ちをないがしろにするのも良い関係とは言えないでしょう。

相手の立場や気持ちはもちろん、自分の立場や気持ちも同じように大切に扱う。そのうえで、相手の自己表現に耳を傾け、こちらの表現したいことも上手く伝えていく。それがアサーションで重んじられる、話者同士の「対等」な関係のあり方です。そのスキルを身につけることで、自分にとって不本意な人間関係もスムーズに変えやすくなります。

具体的なスキルについては、例を挙げて説明しましょう。

空気を読みすぎるEさん

Eさんは「大人しく従順なキャラ」だと周囲から思われています。たとえば、仲の良い友人たちと旅行の計画を立てているとき、友人の一人が「みんなで旅行するのは3年ぶりだし、思いきって高級宿に泊まろうよ」と言ったとします。他の友人たちも「いいね。そうしよう!」「この宿なんてどう? 1泊5万円するけど、部屋に露天風呂がついてるよ」などと盛り上がっている。

しかし、Eさんは内心困惑しています。「今はお金を節約したいのに。みんなで旅行はしたいけれど、もう少し安いところがいいなぁ」。しかし、それを言い出すことができません。「みんなが盛り上がっているのに、私が自分の意見を言って水を差してはいけない」と考えるのです。そして、自分は蚊帳《かや》の外のまま話がまとまり、「Eもそれでいいよね」と言われると、笑顔で「うん、いいよ。すごく楽しみ」と応えてしまいます。

自分に言いたいことがあっても、それを抑えて友人たちの会話を受け止めているEさん。

一方で、友人たちはEさんの都合や気持ちを気に留めていない様子です。「それでいいよね」と聞かれたときに、本音を隠して「すごく楽しみ」と応えてしまうEさんにも問題があるものの、両者の関係は対等とは言えませんよね。

「DESC法」というスキル

こういう関係を変えようとするとき、アサーションのスキルが役に立ちます。

ここでは、アサーション・トレーニングのひとつである「DESC法」と呼ばれる会話の手順に沿って、Eさんが上手く自己表現していく方法を説明していきましょう。

DESC法には、以下の4つの手順があります。

① Describe　状況を描写する

まずは、解決したい問題について客観的に考えます。

Eさんの例では、友人との旅行で、部屋に露天風呂が付いている1泊5万円の宿の予約をとろうとしている、あたりが客観的な描写です。

ここでは決して「高級すぎる宿に泊まろうとしている」といった、主観の入った表現をしないのがポイントです。目的は相手に聞く耳をもってもらうこと。相手が「うん、確かにそうだね」と認識できる事実のみに焦点を当てます。

②Express　説明する

次に自分の立場からの意見や気持ちを述べます。

Eさんの場合、一緒に旅行に行くのはこれからも付き合っていきたい大切な友人です。3年ぶりの旅行を楽しみたい気持ちはあるものの、お金にあまり余裕がなく、予算的に辛いことを伝えます。

ここでのポイントは、相手とこれからも上手くやっていきたいことを最初に伝え、主張（この場合は「予算が厳しいこと」）を伝えるときも感情的にならないことです。

③Suggest　提案する

自分の主張を伝えっぱなしにするのではなく、問題を解決する方法を提案します。

Eさんの例では、露天風呂つきの客室ではないけれど、大浴場の露天風呂が売りの、もう少し安い宿にしよう、などと提案するのはどうでしょうか。

④Choose　選択する

こちら側の提案について、イエスかノーかで答えてもらったり、いくつかの提案をした場合には、ベストなものを選んでもらいます。いくつか選択肢を提案できれば、より一層、無理なく全員の希望をすり合わせることができるかもしれません。

Eさんの場合には、

「部屋風呂はないけど露天風呂が素敵な、もう少しだけ安い宿にできないかな。もしくは、ハイシーズンを外してお得な時期に計画するのなんてどう？」

と提案してみます。友人はどちらを選択するでしょうか。

自分も相手も対等に尊重する

Eさんは DESC法に沿って、自分の主張を友人に話してみることにしました。「せっかく盛り上がっている空気に水を差してしまうのではないか」と内心はドキドキです。しかし友人たちは、「確かに！　ちょっと盛り上がりすぎてたね」と意外な反応を見せました。さらにそのうちの一人は「冷静に考えたら5万円はないよね。みんなお金持ちだな、私も正直辛いなって思ってたんだよ。ブレーキを踏んでくれてありがとう」と言ってくれました。

Eさんは心底ほっとしました。仲間内で自分の気持ちを正直に主張したのは初めての経験です。でも、思いきって言ってよかったと思いました。アサーションの考え方に従って、相手への尊重を大切にしながら伝えたことが良い結果につながったのです。

相手も自分も大切にする、つまりアサーティブな関係でいるには、正直さがとても大切です。正直さというのは、自分自身の感情に対する正直さということです。人間関係で怒り、嫉妬、不安などの自分のネガティブな感情に気づいたとき、私たちはそれらをなんとか消し去ろう、隠そう、忘れようとしがちですが、これらの感情は大切なシグナルです。**見ないふりをせずに、自分の感情を大切にしつつ自己表現することで、相手とのより良好な関係を築くことができます**。ぜひ実践してみてください。

次章では、このアサーティブなコミュニケーションとも関わる、「人との境界線」について解説します。

第8章　自分と相手との境界線を守る

自分の問題と相手の問題、二人の問題

人の期待に縛られやすい人は、自分と相手との境界線が曖昧であることが少なくありません。相手の問題であるはずのことまで、自分が解決しなければならないかのように考えるのです。

たとえば、仲の良い友人から悩み相談を受けたときのことを思い出してみてください。自分と相手との境界線がしっかりしている人であれば、同情して親身になって話を聞きながらも「これは相手の問題だ」ということも理解できているでしょう。

ところが、自分と相手との境界線が曖昧な人は、相手の悩みをまるで自分が解決しなければならない（そう期待されている）かのように感じ、無理をしてでも相手のために行動しようとしてしまうかもしれません。

また、夫婦間などで関係が上手くいっていないときのことを考えてみてください。

境界線がしっかりしている人は、自分の側に問題があることを認めつつも、相手の側にも問題がある場合には、それも理解できているでしょう。一方で、境界線が曖昧な人は、

相手の性格や考え方、価値観などに問題があっても、自分に全ての責任があるかのように感じ、反省して関係修復の行動を取らなければならない（そう期待されている）かのように考えてしまいます。

そういう人にとって大切なのが「**自分と相手との間に境界線を引く**」ということです。もう少し具体的にいえば、**自分と相手という二人の間に存在する問題は、次の3種類に分けることができます**。

「自分の問題」
「二人の問題」
「相手の問題」

こうカテゴライズすることで、解決の責任を誰が負うべきなのか見えやすくなるのです。

①自分の問題

たとえば、自分の仕事の問題、経済的な問題などがこれに当たります。誰かに相談するとしても、それを解決する責任は相手にはありません。あくまでも自分にあります。

また人間関係においては、自分の性格、考え方などに問題がある場合もあるでしょう。

もともと口下手であったり、何か問題が生じてもそこから逃げるクセがあったりする。そのために職場や家庭での人間関係が上手くいっていない場合には、それを自分が改善する必要があります（口下手を改善するため対話のコツを学んだり、逃避のクセについて自覚して、その代わりに相手と話し合うことを練習したりしていく、といったことです）。

②二人の問題

たとえば、夫婦の子育てなど、どちらか一方ではなく、双方に責任がある問題、自分と相手という組み合わせだからこそ生じた問題がこれに当たります。互いの性格の組み合わせ、考え方や価値観の違いによって生じている問題を解決する責任は、当然のことながら双方にあります。

③相手の問題

相手の仕事の問題、経済的な問題などがこれに当たります。相談を受けたとしても、その解決の責任はあなたにはありません。あくまでも相手が解決するべき問題です。

人間関係にフォーカスすると、相手の性格や考え方などの問題がこれに当たります。たとえば、相手がもともと感情的になりやすく、火がつくとなかなか止まらない、不満を溜め込んで爆発したり、体を壊したりする、といったことが挙げられます。

相手の問題を自分の問題であるかのように抱え込み、耐え忍ぶことは、自分を苦しめるだけでなく、相手に問題をいつまでも自覚させない原因にもなります。家族や友人、恋人はセラピストにはなれないし、なる必要もありません。

こうした問題の仕分けや解決の責任については、必ずしも相手に伝える必要はありません。特に相手が感情的になっているときは、伝えたとしても受け入れてもらうのは難しいはずです。

あくまで自分の中で仕分けすることさえできていれば良いのです。

それだけでも心の整理がしやすくなり、相手の言葉を真に受けて腹を立てたり、自分を責めてふさぎ込んだりすることを防げます。

まずは「これは自分の問題」「これは二人の問題」「ここからは相手の問題」と仕分ける習慣を持ちましょう。

3つの問題に仕分けする

ここからは、自分と相手との間にどう線を引くか、具体的なケースをもとに見ていきましょう。

次の例を読んでみてください。

妻の感情に振り回されるFさん（40代男性）

Fさんは大雑把な性格です。対して妻は神経質な性格で、何事にも手を抜かない完璧主義です。結婚当初から性格の不一致でぶつかることがありましたが、いつもFさんが折れることでなんとか夫婦関係が成立していました。

しかし子どもが生まれると、妻はますます神経質になりました。息子がお菓子を食べこぼしてソファーを汚したり、正しい鉛筆の持ち方で宿題をしなかったりすると、妻はものすごい剣幕で息子を叱りつけます。Fさんはもともと妻の教育方針に同意できず、息子をもう少しのびのび育てるべきではないかと思っていましたが、妻に「もっとあなたがちゃんと言ってよ」と言われることが重なって、最近では自分も息子に対して声を荒げることが増えました。このときのFさんはあまりに感情的なので、息子は失敗しない方法を学ぶどころではなく、ただただ萎縮《いしゅく》して泣いてしまうだけ。「以前ならこの程度のことで大声をあげたりしなかったのに。もっとおおらかな父親でありたいのに」と、自己嫌悪に陥っています。

少し補足しておきましょう。

Fさんは妻が感情的になることを恐れて、妻の顔色を気にしすぎています。そのため、妻と自分との境界線が曖昧になり、必要以上に妻の期待を読み取って、それが自分の思考や感情であるかのように振る舞っています。

つまりFさんは、妻の「息子にちゃんとしていてほしい」という期待を、まるで自分が息子に対して思っているかのように受け止めているのです。

しかし、息子の側からすればたまりません。神経質な親が二人がかりで口出ししてくるのですから。そして、叱られているわりに、どうすれば失敗しないか、正しく振る舞えるかをまったく学習できていないのです。

Fさんは、自分と妻との境界線を上手く引いて、効果的な子育てができるでしょうか。先ほど挙げた、「自分の問題」「二人の問題」「相手の問題」という3つに仕分けして、Fさんの問題を考えてみましょう。

自分の問題

妻の顔色を気にしすぎて自分の本当の思考や感情を見失っていることは、Fさん自身の問題です。また感情的になるあまり、息子にしてほしい行動を具体的に伝えられていません。

同時に、見方を変えれば、妻との子育て観の違いに気づいた時点で、ただ「合わせる」のではなく、妻と話し合って意見をすり合わせるべきでした。これもFさんの「自分の問題」に分類できるでしょう。

二人の問題

人の顔色を気にするタイプのFさんと感情的で完璧主義の妻という組み合わせだからこそ、相乗作用が生じていると考えられるでしょう。これは「二人の問題」です。

相手の問題

息子が「ちゃんと」していなければ感情的になる、というのは妻の問題です。自分の感情をコントロールする責任は、Ｆさんではなく妻の側にあります。はっきりそう仕分けできるだけでも、Ｆさんが状況に振り回されることを防ぎやすくなります。

また、息子にイライラするとＦさんにその解決を丸投げすることがあるところも、妻の問題と言えるかもしれません。妻自身も感情に任せた子育てでなく、自分で息子にしてほしい行動を言葉で伝える方法を学ぶ必要がありそうです。

このように、今生じている問題を３つに仕分けしていくと、

「これは妻の問題だな。自分が解決すべきではないな」

「これは二人で向き合うべき問題だな」

と、適切な対処法が浮かぶようになります。

しかし、実際のＦさんは、頭ではこの仕分けを理解できても、なかなか妻の問題と自分の問題とを切り離すことができませんでした。

Fさんいわく、「そんなに割り切れない」ことなのだそうです。
どういうことでしょう。
なぜFさんは、こんなにも妻に影響を受けてしまうのでしょうか。

問題の根底にスキーマがある

自分と相手の問題について、なぜそういう問題が起こっているのかを突き詰めていくと、スキーマが関係している場合が少なくありません。

Fさんの妻の「ちゃんとしていないと気が済まない」性格も、幼少期の経験が関係しています。彼女の母親もまた「ちゃんとした」人でした。一方で父親はお金やお酒にだらしない人で、夫婦仲は悪く、彼女は幼い頃から「ちゃんとしていないとお父さんみたいになっちゃうわよ」と言われて育ちました。宿題を全て終わらせなければ遊びに行ってはいけないのはもちろんのこと、夏休みの宿題の習字や作文、自由研究には何度も母親からの厳しいチェックが入りました。母親の言うことを聞いていれば、彼女はどこにいっても褒められ、「ちゃんとしたお嬢さん」として育つことができました。

こうしてFさんの妻が身につけたのが、完璧主義スキーマです。第4章で登場したDさんのようですね。

Fさんの側にもスキーマはありました。Fさんは元来の飽きっぽい性格のせいで、これといった特技がなく、何かを一心に頑張った経験もないまま、ごく平凡に育ちました。父親は研究者で、Fさんにも何か興味のあることを見つけて、それを極めてほしいと思っていましたが、基本的には本人の自由に生きればいいと考えていました。一方の母親は学歴コンプレックスのある人で、夫を尊敬しつつ、我が子に良い教育を受けさせたいと思っていましたが、幼い頃から勉強よりは体を動かすことを好み、飽きっぽくひとつのことに熱中できない息子を見て、いつも溜息をついていました。

Fさんは母の期待に応えられない自分を自覚しつつ、それでもひとつのことに打ち込めないまま、なんとなく周りと同じ進路をたどりました。国家資格を持つ専門家を目指そうと、親の期待に応えようとしていた時期もありましたが、それも長くは続きませんでした。

とはいえ、どんなことでも平均的に上手くこなすことのできるFさんは、仕事では重宝されました。側《はた》から見れば堅実な勤め人であり、Fさんと妻が結婚するのは自然なことだったと言えます。

しかし、母の期待に応えられなかったという思いのあるFさんは、「ひとつのことを極められない（つまり父親のようになれない）自分はだめだ」という思いがいつまでも拭《ぬぐ》えません。そんなことが続いて、Fさんの中には「能力に自信がない」スキーマが出来上がってきました。だからこそ、子育てや父親としての役割にも自信が持てず、妻の機嫌をとって「ちゃんとしている」という評価をもらうことでしか自分を保てなかったのです。

Fさんは問題を3つに仕分けたことで、自分のスキーマ、そして妻のスキーマを意識していきました。そのことで、これまでのように妻の感情に巻き込まれてがんじがらめになるのではなく、

「今私は、妻からしっかりした夫だと評価されたいんだな」

と、問題と少し距離を置いて、自分を客観的に捉えられるようになったのです。

夫婦という非常に近しい関係の中で生じる自動思考や、刺激されるスキーマそのものの

修正は非常に難しいものです。しかし、Fさんのように自己理解を進めていけば、自動思考やスキーマから少し距離をとって、冷静に眺めることができるようになります。

このことを、心理学的には「俯瞰《ふかん》」と言います。**俯瞰して自分を客観的に見つめていれば、どれが自分の感情で、どれが相手の感情かの区別がつきやすいはずです。**

また、これからご紹介するように、思わぬ解決の糸口に気づくこともできるかもしれません。

思わぬ解決の糸口

会社員で中間管理職のある男性は、上司と部下に挟まれてストレスフルな毎日を送っていました。上司からの指示になかなか応えられず、部下はなかなか期待通りに動いてくれないことから、「自分は仕事ができないんだ」と考えて落ち込んでいたのです。

そこで、一連の出来事を上司の問題、部下の問題、自分の問題、そしてこの三者だからこそ生じている問題に仕分けしてみました。

上司の側には、言うことが二転三転する長期的な一貫性のなさと、多忙による記憶力の悪さがありそうでした。部下の側には、期日までに仕事を仕上げる計画性のなさが指摘できそうです。自分の問題としては、上司と部下に挟まれてしまうと自分の状況を客観視できずに振り回されてしまう点がありそうです。そして、この三者の組み合わせだからこそ、役割と責任の境界線が曖昧になって現場が混乱しているようです。

このように整理できると、解決策が見えてきました。

上司から指示を受けるときにはメモやメールに「証拠」を残しておくことや、一貫性のない指示が出ていることを素朴な質問を通してやんわり指摘しました。深くは追及せずに、「この間の指示はこうでしたが、今回はこの方法で良いでしょうか」というように打ち返しをすることにしたのです（上司の問題を正しく上司に返している点がポイントです）。また部下に対しては、長めの締め切りを設定せずに、割り振る仕事を小分けにして、数時間単位で成果を示すように指示しました。

こうすることで上司は以前よりも一貫した指示を出せるようになりましたし、部下はひとつずつ仕事を確実にこなしては、その男性に褒められるので、やる気を保ちながら働くことができるようになったのです。

問題が複雑に見えるときほど、自分と相手との間にしっかり線を引いて、問題を客観的に捉え、3つの問題に仕分けることは有効です。ぜひ実践してみてください。

第9章　人の評価や愛情に依存しない

——自尊感情の高め方

自尊感情が低いと人の期待に縛られる

ここまで、人の期待に縛られやすい人は心の奥底にネガティブなスキーマを持っていたり、自分と相手との境界線が曖昧になっていたりすることが多いと説明してきましたが、別の角度からも理由を挙げておきましょう。

それは、自尊感情が低下しているということです。

自尊感情とは、ごく簡単にいえば「ありのままの自分を大切だと思える感情」。それがずっと低い状態になっていたり、何か落ち込むことがあって一時的に低下していたりすると、人の評価や愛情を過度に求めたくなって、人の期待に縛られやすくなります。

周囲の人が自然と評価してくれたり、愛情を注いでくれたりするのが理想的ですが、環境によってはそれが難しい場合もあるでしょう。

そこで本章では、自分で自尊感情を高める方法を解説していきます。

自尊感情を高めるために、必ずしも特別なことをする必要はありません。**自分が日頃何**

気なく取っている行動のうち、何が自尊感情を高め、何が低下させているかに気づく、ということが大切です。

「満足度予想表」をつくる

そこで、まず次の質問について、少し考えてみてください。

・あなたは何をしている時の自分が一番好きでしょうか？
・どんな瞬間が、自分らしくて、自信を持つことができますか？
・誰と一緒にいるときの自分が誇れますか？

いきなりこんなことを聞かれても、すぐには答えられない、という方も多いかもしれません。

むしろこうした質問にすぐに回答できる方は、すでに自分のことを良くわかっていて、十分に自分を大切にできている方だと思います。何をすれば自分らしくいられるかを自覚していると、日常的にそうした活動を多く取り入れることができます。同時に、どこで、誰と、どんなふうに過ごせば自分らしく、自信を持つことができるのかがわかっていれば、望まない場所にいることや、不均衡で不毛な対人関係を避けることもできます。こうした積み重ねが自尊感情を作っていくのです。

ここでご紹介したいのが、自分にとって「どんな行動が自尊感情を高めるか」を知るための、「**満足度予想表**」と呼ばれる認知行動療法の技法です。

具体的には次のような手順で取り組みます。

① まず、1日の中で「これをしているときの自分が好き」だと思える活動を書き出します。難しく考えなくて構いません。お風呂や散歩、食事の準備や得意な仕事など、平凡な活動でけっこうです。すでに毎日が忙しく、そこに追加して特別な活動を入れる暇なんてない！　という方は、毎日のルーティンを書き入れてください。

② ①で記入した活動をする前に、予想する満足度を書いておきます。0％（全然満足しないだろう）から100％（すごく満足するだろう）の範囲です。

図7 「満足度予想表」の記入例

日付	活動	予想した満足度(%)	実際の満足度(%)	気づいたこと
12月1日	コンビニのコーヒーを飲む	100	50	金欠なのに無駄遣いした
	犬の散歩	50	80	行くまでは億劫だったが爽快だった
	友達とランチ	90	30	愚痴に付き合わされた
12月2日	新しいスマホを購入	100	50	金欠なのにな……と不安になった
	洋服を購入	100	20	無駄遣いばかりしている
	友達にメール	100	100	心が温かくなった
12月3日	ビールを飲む	90	30	太ってしまいそう

③ 活動を終えた後、実際の満足度を同じく0%から100%で記します。

④ 1日を振り返り、実際に満足度の高かったことは何か、予想に反して満足度の低かったことは何かに注目して、今後増やしていきたい活動を決めます。

「満足度予想表」の記入例を上に掲載しました。ぜひ参考にしてみてください。

「満足度予想表」から見えること

この「満足度予想表」、始める前は面倒に思えるかもしれませんが、1週間も続けていると、普段あまり意識していなかった、さまざまなことが見えてきます。

まずお伝えしたいのが、**「どの活動が自分の自尊感情を高めているか」がわかる**ということです。

実際の満足度の高い活動に注目してください。どの活動をしているときが自分らしいか、気持ちよく過ごせるかが見えてくるのではないでしょうか。

特に、事前の予想に反して満足度が高かった活動に注目してみるのも良いかもしれません。ゴミ捨て、勉強、掃除など、面倒でつまらないと思っていた活動が、実は満足度が高かった（つまり自分の自尊感情を高めていた）のだとすれば、以前よりちょっとやる気が出そうです。

そして、そうした活動を日々の予定に意識的に組み込むことで、今までよりも満足度の高い毎日を送ることができるようになるでしょう。調子が上向かないときや、苦手な人との会議の予定があるときなど、あらかじめストレスが溜まることがわかっているような日には、その活動を優先的に多く入れても良さそうです。

ひるがえって、**自分にとって何が自尊感情を下げるのかもわかる**のが、「満足度予想表」のポイントです。

事前の予想に反して満足度が低かった活動が、いくつかあったのではないでしょうか。習慣的に良かれと思ってしていることが、実は自尊感情を低下させているというのは、じつはよくあることです。いわんや不本意な人間関係や大量の飲酒、長時間のスマホいじり――その是非はあえて触れませんが、結果としてあなたの自尊感情を引き下げているのだとしたら、なるべく減らしたほうがよさそうです。

とはいえ、習慣になっているものを急にやめることは難しいものです。気持ちが上向かないときほど、日々のそうした「じつは良くない習慣」に逃避したくなるかもしれません。

そういうときこそ、その習慣の代わりに、自尊感情を高めてくれることを日々の生活の中に組み込んでみましょう。たとえば、辛いときにストレス発散になると思って飲んでいたお酒を控えて、隣駅から徒歩で帰宅してみることにしたところ、お酒を飲むよりも気分がすっきりした、という方もいらっしゃいました。

また、買い物は手っ取り早く達成感や満足感を得られるものですが、浪費の問題や自分自身の欲求をコントロールできない自責感を伴うものかもしれません。予想していたよりも買い物によって幸福感を味わえていない自分に気づいたら、財布を持たずに家を出る日を作ったり、「これは、なくても生きていけるかな」といった極端な自問自答で買い物から距離を置いてみることで、日々の満足感が上がるかもしれません。

事前に予想していた満足度の高い活動には、短期的にはメリットがあるものです。どんな短期的メリットに惹かれてその活動を選んだのかを明らかにしておけば、その欲求を満たし、長期的にもデメリットの少ない別の行動に置き換えることができるでしょう。

自分にとっての「テーマ」（価値）に気づく

もうひとつ、「満足度予想表」を通して明らかになるのが、**自分にとっての「テーマ」（価値）**です。

大事なポイントですので、順を追って説明させてください。

「満足度予想表」で明らかになった、実際に満足度の高かったことのいくつかには、共通点がないでしょうか?

図に示した記入例で言えば、「犬の散歩」「友達にメール」が、この人にとっての満足度の高い活動でした。その共通点は、「独りで何かするよりも、ペットや友達のように親密な誰かと一緒に活動すること」かもしれません。

だとすれば、この例の方のテーマは「誰かと一緒」と考えられます。世の中には「独りで何かに没頭していたほうが自分らしくいられて幸せ」という人もいますので、十分この方の特徴だと言えるでしょう。反対に、予想に反して実際の満足度の低かった活動(予想した満足度と実際の満足度の差が激しかったもの)の中でも、「コンビニのコーヒーを飲む」「新しいスマホの購入」「洋服の購入」の3つは「お金」に関することでした。お金を使うのを自制できないことが罪悪感を生んでいるようです。

本書では詳しく触れていませんが、じつは「自分をコントロールできる」というのも人間の基本的な感情欲求のひとつで、これがうまくできないと「コントロールできない」スキーマを持つことになります。夜更かししたら次の日辛いとわかっていてもゲームやスマホがやめられないとか、太りたくないのに食べるのがやめられないとか、締め切りギリギリまで課題に着手できずにいつも苦労する、などがそうです。

同じように「ビールを飲む」についても実際の満足度は低く、お酒を飲むことに対するコントロールができない状態であることがわかります。「もっとお金やお酒のコントロールができる」こともこの方のテーマだと言えるでしょう。

また、予想と現実の落差に注目するならば、「友達とランチ」は予想した満足度が90、実際の満足度は30で、二番目に大きな差がありました。これはこの方が「誰かと一緒であること」がテーマである反面、他人に愚痴を一方的に吐かれたり、時に気まずくなったりすると一層辛くなることを示しています。自分にとって「誰かと一緒であること」は大切でありながらも、それがうまくいかないと非常に大きなストレスに変化するといえます。

このように自分の自尊感情を上げるテーマについて知っていると、これから新しい活動を試す際のヒントにもなりますし、大きな決断をするときの判断材料にもなります。

心理学的には、このテーマを「価値」と呼んでいます。 ＡＣＴ（Acceptance and Commitment Therapy）と呼ばれる認知行動療法の一種で、近年非常に重視されている概念です。ネガティブな思考を修正することにこだわらず、その思考からいったん距離をとって俯瞰し、人生の価値に焦点を当てる、という考え方が生み出されたのです。専門的には「認知行動療法の第三の波」と呼ばれるもので、1980年代後半に治療モデルとして確立され、日本でも2000年代から広まりはじめました。

ACTではその人が何に価値を置いているのかを明らかにして、そこに向かって人生を歩めるよう支援します。価値に気づくことで目の前の些細な、自分の価値とは無関係のことには振り回されなくなります。

人生の貴重な時間を、自分の「価値」に沿ったことに使いたいものです。

本章でご紹介した「満足度予想表」。書式を作るのが面倒だとおっしゃる方は、スケジュール帳にメモするなど手軽に行っても構いません。試してみると、思わぬ発見があるはずです。

第10章 自分らしさを取り戻すワーク

「好き」こそ生きる原動力になる

人の期待に縛られるという状態から抜け出すには、究極的には「自分らしさを軸にして生きる」ことが大切です。

しかし、長年スキーマに支配され、親や周囲の人からの期待を自分自身の望み、あるいは義務であるかのように思って行動していたり、人からどう思われるかばかりを気にして生きていたりすると、自分らしさがわからなくなることがあると思います。

私は本来、どんな人だっけ?

人の期待に縛られなくなるとしたら、何がしたいだろう?

そう思ったときに大切な考え方を、この本の終わりに解説していきます。

突然ですが、次のように質問されたら、みなさんはどう答えるでしょうか?

「あなたは人生をどんなふうに生きたいですか?」

質問が大きすぎて答えづらいという方は、こんな質問でもかまいません。

「何が好きですか？」

こういうことであれば、寝食を忘れて取り組める、人に止められてもやめたくない、という理屈抜きで好きだと言えることを思い浮かべてみてください。

なぜこんな質問をしたかというと、本当に好きなことこそ、私たちのエネルギーの源《みなもと》であり、自分の軸を持って生きるために不可欠なものだからです。第9章でご紹介した「価値」にも通じる話です。

私たちはつい、

「確かに音楽は好きだけれど、今は忙しいから、もう少し落ち着いたら練習しよう」

「社会人として半人前なのに、趣味に時間を割いてはいけない」

「うつが治らないと、好きなこともできない」

などと考えて、好きなことを後回しにしがちです。まるで人生において好きなことは余力があるときの贅沢品であるかのように。

しかし、メンタルヘルスの専門家は逆だと考えます。

「マイナスを0にしたり、弱点を克服したりする努力だけでは心はエネルギーを失っていく。自分の『好き』を大切にすることこそ、結果的に幸せへの近道になる」

好きなことを思い浮かべることができたら、もう少し抽象度を上げて自問しましょう。

「これまでの人生で幸せを感じたのはどんなときですか?」

いくつかエピソードを思い出してみてください。

そこに共通点はありそうでしょうか?

それはもしかすると、仲間との一体感が得られたときかもしれませんし、一人で何かに没頭できているときかもしれません。お金を儲けているときに幸せを感じている人もいるでしょうし、人から感謝されたときに幸せを感じる人もいるでしょう。

前章でも、こうした「価値」について気づくための方法をお伝えしましたね。

大切なのは、何が自分を幸せにするかに気づくことです。それができれば、人生の軸が定まり、人生の選択肢を迷わず自分で選べるようになるでしょう。人の期待に振り回されるのではなく、自分の価値に沿った人生をブレずに生きることができるようになります。

人生の虚無感に向き合う

次の例を読んでみてください。

自分の人生を生きられない40代の男性Gさん

Gさんは幼い頃から従順で、特に親が教育熱心というわけではありませんでしたが、仲の良い友人が塾に行くことになると自分も同じ塾へ行き、良い成績を収めて難関大学に進学。地元にUターンして公務員になりました。職場の上司がとりもってくれた見合いで結婚を決め、2人の子どもに恵まれました。昨年には家を新築し、絵に描いたような順調な人生を歩んでいます。

しかしGさんはいつも虚無感を抱えていました。あたかも他人の人生を生きているような気がして、何をしていても満たされないのです。最後に感動したことさえ思い出せません。でも、そんな現状を同僚に話しても「人生ってそういうもんですよ。目立った苦悩がないのが幸せってもんです」と前置きされて、逆にその人の夫婦仲の悪さや嫁姑問題について、さんざん愚痴を吐かれてしまいました。

Gさんは考えます。「こんなに毎日が虚しいのはなぜだろう。家族はとても大切だし、そのために働いているけど、仕事にやりがいを感じたことはない。でも人生は、そんなものなのかな。これまで築いた暮らしを捨てることなんてできないし、これから転職したとしても、新しい環境でやっていける自信はない」。着地点はいつもこうです。


Gさんはいわゆる「中年危機」の真っ只中なのでしょうか。思考が堂々巡りする苦しさが伝わってきますね。

30〜40代での転職は、今でこそ珍しいものではなくなりましたが、Gさんのような保守的な人にはまだハードルの高いもののようです。さらにいえば、いわゆる氷河期世代のGさんにとって、努力してつかんだ地方公務員という職業は、親の希望でもありました。

現状に虚しさを抱えつつも、誰に言われたわけでもありませんが、世間一般でよしとされている価値観に依ってきた人生の中で、何がしたいのかはっきりわからないし、それに向けて行動する勇気もありません。この相反する気持ちがあるから辛いのです。

「人生の浮き沈みグラフ」を描く

こうした「自分は何がしたいのかわからない」人にご紹介したいのが、「人生の浮き沈みグラフ」を描いてもらうことです。生まれてから今日までの出来事を振り返り、どの時期が自分にとって幸せだったのか、あるいは不幸せだったのかを縦軸にして描いてみるのです。

次のような手順でやってみましょう。

「人生の浮き沈みグラフ」の描き方

① 水平に線を1本描きます。

② 線の左端から、人生の主な出来事を記入します。学校の入学や卒業、就職や結婚、引越し、あるいは家族の大きな出来事（親の転勤、離婚、兄弟の誕生や結婚など）、自分に大きく影響した社会的な出来事（自然災害、感染症の流行、景気、世相など）を書いていきます。書きたい出来事が次々に出てくるかもしれませんが、人生の中で自分の幸福感

に影響したと思われる出来事を中心に書き出します。書いてはみたものの、幸せだったかどうか判断しづらいという場合には、消してしまって大丈夫です。

③　主な出来事を手がかりにしながら、その時々のあなたの「主観」を大雑把につかんで線グラフを描きます。現在から振り返って「あの頃の部活の練習はすごくきつくて、最悪だと思っていたけど、今となれば良い経験だったな」と思っている出来事でも、〝当時の主観〟で描きます。当時のあなたがどう感じていたか（幸せか、不幸せか）が最大のポイントです。善いことか悪いことか、社会的に評価が高いことか否か、生産性が高いか否かでもありません。純粋なあなたの「幸せ度」で判断してください。

Gさんの例で具体的に考えてみます。

Gさんは以上の手順に従って、こんなふうに人生の浮き沈みグラフを描きました（次ページの図8）。

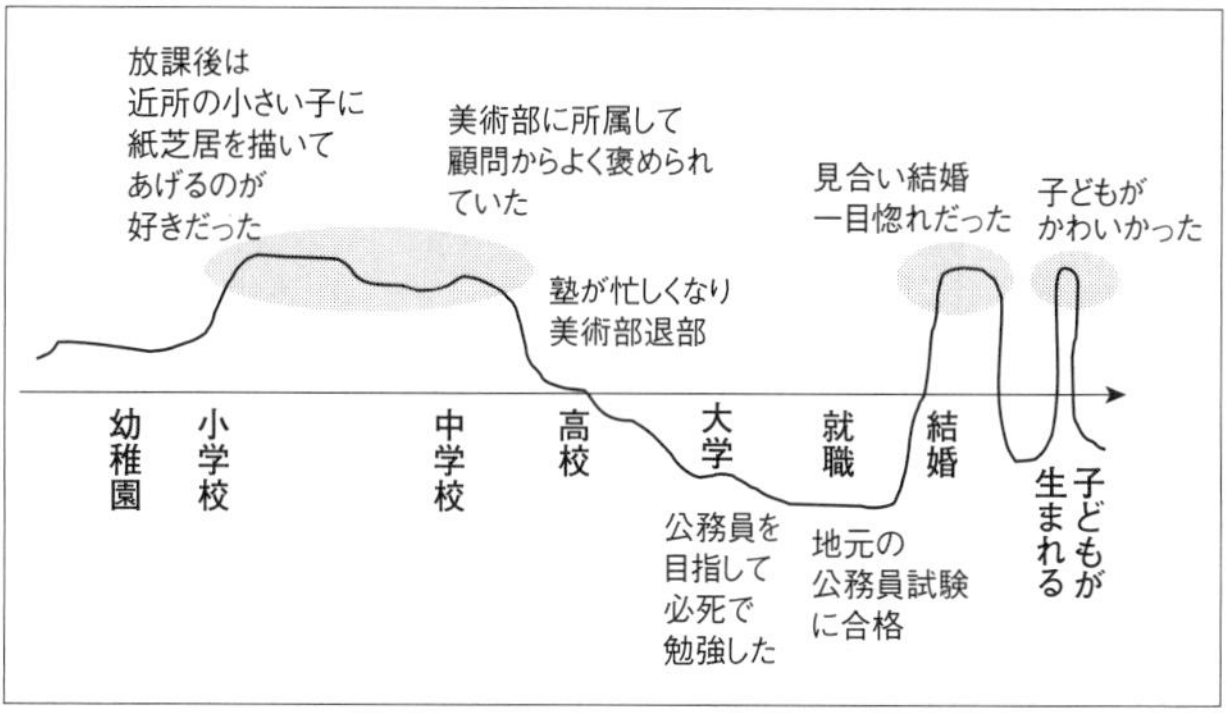
放課後は
近所の小さい子に
紙芝居を描いて
あげるのが
好きだった
美術部に所属して
顧問からよく褒められ
ていた
塾が忙しくなり
美術部退部
見合い結婚
一目惚れだった
子どもが
かわいかった
幼稚園
小学校
中学校
高校
大学
就職
結婚
子どもが生まれる
公務員を
目指して
必死で
勉強した
地元の
公務員試験
に合格
図8　Gさんの人生の浮き沈みグラフ

グラフの何に注目するか

では、このグラフをどう活用すればよいかを見ていきます。

まずは、人生の浮き沈みグラフの高いところに注目してみましょう。高い部分に注目することによって、どんな時期に幸せを感じていたのかが一目でわかります。その時期は、どのような条件が揃っていたでしょうか。住んでいた場所や付き合っている友人、仕事の内容、余暇の過ごし方、健康状態などが関係するかもしれません。それを考えてみることで、**どういう条件が揃えば自分なりに幸福を感じるのかが見えてくる**のです。

孤独に努力を重ねて成果を上げることに喜びを感

じる人もいれば、誰かに献身的に尽くして喜んでもらうことに幸せを感じる人もいます。知的好奇心をとことん追求することが好きな人や、お金を稼ぐことで達成感に浸るのが幸せな人もいるでしょう。そのときの幸福は、そのときに置かれた状況と切り離せません。

Gさんの人生の早期に目を向けると、絵やストーリーを描くことによって、年下の子に喜んでもらったり、自分の絵が評価されたりなど、絵の創作に関わることが多いように見えます。そして成人後は、結婚や子どもが生まれたことが幸せだと感じられたようです。

このことから、Gさんは「絵を描いたりお話を作ったりすること」「人から喜ばれることや、それによって評価されること」「家族を築くなど近しい人と親密でいること」が、自らの幸福度を高めるのだとわかりました。

今度は逆に、グラフの低いところにも目を向けてみます。

グラフの低い時期には、どんな特徴やその時々の状況があるでしょうか。それは幸せな時期と正反対の特徴や状況かもしれませんし、もしかすると紙一重かもしれません。

たとえば「お金に恵まれていて、将来の不安がないときが幸せ」とわかった人が、「人から愛情をもらえないときが不幸せ」なのだとしたら、幸せの条件は「ある程度人とうまくいっていて、お金の心配がないこと」かもしれませんよね。

Gさんの場合には、美術部をやめた頃からグラフが低下しています。公務員試験の受験勉強の期間や、結果として無事に合格したときでさえ低いままです。

これを見て、Gさんは気づきました。

「この頃からだったのか、自分の人生を生きられてないのは。この頃の私は、合格したいと思って勉強していたわけじゃなかった。試験に落ちてどこにも就職が決まらないと親が悲しんでしまうと思って必死だったな」

いかに自分が親の期待に応えるために頑張っていたか、そしてそれが自分をちっとも幸せにしていなかったことに気づきました。しかし、よくよく思い出してみると、親から進学か就職について指図されたことは一度もありませんでした。Gさんは、自ら平均的な人であろうとしてきたのでしょうか。

Gさんはさらに回想します。

「でも、あの時はああするしかなかった。だって、好きな絵で食べていくのは厳しいから。今のような安定した公務員だから結婚もできたし、家のローンだって組めたんだ」

確かにその通りかもしれません。Gさんの地元はいわゆる大企業などのない地方都市で、「大学卒業後は地元に帰ってくる」「ある程度ちゃんとしたところに就職する」という、2つのいわゆる「普通」「人並み」を達成するには、地方公務員として就職するしかありませんでした。

当時は就職氷河期だったこともあり、Gさんの同級生には就職できなかった人がたくさんいました。また、就職できたものの仕事や環境が合わずに転職を繰り返したり、不安定な雇用状態で働く人もいました。

彼らがGさんより幸せか不幸せかはわかりません。それでも少なくとも言えるのは、「公務員一択しかない」と恐れたことは、やや視野が狭かったということです。人並みでありたい一心で、ひとつの選択肢しか見ないのではなく、自分のやりたいことや向いていることを突き詰めて自問自答していれば、もう少し違う今が過ごせていたかもしれません。

そうしてGさんは、自分が幸せだと思えることをやめる必要はないこと、世間体だけでなく、自分のしたいことに目を向ける必要があることを再確認しました。

「自分の人生」の取りもどし方

自己分析が進んできたところで、**グラフの沈んだところからどのように立ち上がったのかについて思い出してみましょう。**

人生にはピンチがつきものですが、それをどう乗り越えたかに人柄や生きざまが色濃く出るものです。たとえば「周囲に助けてもらった」というように、周りにいる人から助力を引き出せる能力もその人らしさと言えますし、「何くそ！」と逆境をエネルギーに変えて乗り越えた経験もその人の強さです。「とことんデータを集めて準備をした」「どん底を味わうとかえって何も怖くなって不死身になれた」「自分のためでなく他人のためと思ったら頑張れた」など、人によってさまざまな乗り越え方がありそうです。

ここで再び、Gさんのケースに戻りましょう。

地方公務員試験に合格、就職するまでは沈んでいますが、「せっかくならば地元に貢献したい」と、自分を奮い立たせて仕事に打ち込んだGさん。そのため、グラフが上昇していますね。ここから「世の中に貢献したい」という新しいGさんの価値が見えてきました。それを踏まえて、今の暮らしの中で、自分のやりたいこと――つまり、

「絵の創作に関すること」

「人から喜ばれたり評価されること」

「近しい人と親密でいること」

この3つを実現する方法を考えていきました。


Gさんは少し前から、定年後の資産のこと、キャリアのことを考えていました。定年退職をしたあとに、少しでも自分が楽しめるような小さな仕事ができたらと思っていたのです。

人生を振り返ってみたことで、Gさんは「子どもの頃のように、紙芝居や絵本を描いてみたい」と思うようになりました。今は誰もが情報発信できる時代ですので、SNSを通じて描いた絵や物語を多くの人に見てもらうのも良さそうです。

人、特に「子どもを喜ばせたい」というのがGさんの大切な価値でした。そこで、思い切って病院に勤める知り合いに話してみたところ、病気で入院中の未就学でまだ字の読め

ない子どもに対して、病気や治療の説明をする絵本を作ってほしいと頼まれました。

先方の希望は、

「子どもたちがよく病気のことを理解できて、かつ不安にならないような優しい雰囲気の絵本にしてほしい」

とのことでした。

Gさんはこれまでにないほどやる気が出ました。こんなに生き生きとした自分に出会えたのは、中学生の美術部の頃以来です。

また、「近しい人と親密でいたい」というのもGさんの価値だとわかりましたが、今の生活の中ではあまりそれを実現できていませんでした。小学生の息子と娘の習い事の送り迎えや、食事の準備などを淡々とこなすばかりになっていたのです。

「家族で何をしているときが、自分は幸せなんだろう」

Gさんは再度自分に問いかけました。そして――。

「そうか。意図的に〝こんな時間を過ごしたい〟と設定してもいいんだ。なのに自分の人生はタスクがベルトコンベアで運ばれてくるように、起きる出来事をひたすら受け身でこなすことの繰り返しになっていたんだな。もっと自分で決めていいんだ」

そう気づいたら善は急げです。Gさんは妻や子どもたちに「家族でキャンプに行きたい」とか「今日は4人で手巻き寿司を作ろう」などと提案するようになりました。こんなに積極的に行事を提案するのは人生で初めてのことでした。家族は驚きながらも、明らかにいつもよりも表情が明るいGさんを見て喜びました。

こんな日々を過ごすうちに、Gさんは次第に「自分の人生」を取り戻していったのです。

ここまでの手順をまとめておきましょう。

実際に描いてみた「人生の浮き沈みグラフ」から、グラフの高い部分に注目してみることで、どういう条件のもとで自分なりの幸福を感じるのかが見えてきます。逆にグラフの低い部分に注目すれば、どんな環境や人間関係などが、あなた自身の幸福を阻害しているのかがわかってきます。

そのうえで、グラフの沈んだところから自分なりにどう立ち上がったのかを振り返ることで、ご自身が何に喜びを感じるのか、何を心から楽しいと思うかが見えてくるでしょう。

「人生の浮き沈みグラフ」を使ったワークに正解はありません。また、自分自身の人生に向き合うことに、気恥ずかしさを感じる方もいらっしゃるでしょうし、これまでの人生を過酷だと感じていて、向き合うことが難しいという方もいるかもしれません。

それでも、少しずつでかまいません。他でもないあなた自身の人生と向き合う機会を意識的に作って実践してみることは、きっとこれまで気づいていなかった、自分だけの「幸せに生きられる条件」を浮かび上がらせてくれることでしょう。

あなたが人生で大切にしたいことは何でしょう。
今、それが実現できていますか？
自分の人生を送ることができていますか？

いつからでも遅くありません。人の顔色をうかがったり、誰かの期待に応え続けるのではなく、自分自身の幸福度を高める「価値」を発見することで、きっと人生は、よりよいものになっていくはずです。

人間らしい自分を許すということ

本書ではここまで、「人の期待に縛られない」ための認知行動療法のさまざまな方法をお伝えしてきました。

しかし、実際のカウンセリングの現場で日々さまざまなクライアントと接していて思うのは、多くの人が縛られているのは「人の期待」ではないケースも多々あるということです。ここまでお読みいただいた方の中には、その意味するところがおわかりになる方もいらっしゃるのではないでしょうか。

たとえば、幼少期に厳しくしつけられた方が、両親がすでに他界しているのに、自分で両親と同じように自分を責め続けているケースがよくあります。また、親からの愛情が十分に得られなかった方は、いつも誰かの愛情を得ようと自分を犠牲にして頑張ったり、他人からの評価を気にしすぎて自分を苦しめたりしてしまう。それを人の期待に応えているかのように思い込んでいるケースも少なくありません。

愛されたい、褒められたい。

ただそれだけだったのに、いつの間にか「良い子でいなきゃ」「他人に尽くさなきゃ」「もっとできる人でいなければ」といったスキーマが形成されて、自分で自分を追い詰めるようになっている。

あなたがあなたの味方でいてください。もう自分に厳しくしなくても大丈夫です。このくらいでいいや、とハードルを低くして生きましょう。失敗しても、人の期待に応えられなくても、人間らしい自分を許して、そこにいさせてあげてください。

期待でがんじがらめになって一人で苦しんでいる方に、このメッセージが届けばいいなと思います。

おわりに

ここまで読んでくださり、ありがとうございます。

この本を書いたきっかけは、他でもない私自身が、プライベートでは妻として母として、職業人としては所長として、カウンセラーとして、非常勤講師として、研究員として……とじつにさまざまな役割を求められ、人の期待を背負いながら、

「あれ？　素の自分ってなんだったっけ」

「私は何がしたいんだっけ」

「現状をあと何年続けていくんだっけ」

と疑問に思うようになってきたことでした。

いわゆる「中年危機」も経験してきました。自分を知ったり思考をまとめるために、同年代の女性たちのためのセミナーに参加してみたり、友人同士でこれまでの、そしてこれ

からの自分について話し合ったり、毎年の年末には友人と一年の振り返りと来年の抱負を語り合ったりしてきました。

私がその中で気づいたのは、やはり「できること」「やりたいこと」「多くの人から求められること」の重なる部分でしか生きられないんだなということでした。この交差点で私たちは、できることや求められることばかりを意識して、「やりたいこと」をあきらめたり、見失ったりしているのかもしれません。

でも本当は、「できる中でも最も得意なこと」や「自分が大切にしたい人から求められること」についても見極めていく必要があるのかもしれません。

あまりに複雑な社会構造の中で多様な価値観があふれていて、「自由にしていい」と言われれば言われるほどに、自信を持って自らの道を選べない人も多いのではないでしょうか。自由でいるためには、自分が何者で、どんな特徴をもっていて、その中で何を活かして生きていくのがベストなのかを知っていなければならないのです。

しかし、自分のことがよくわからずに、自分になんの魅力も特技も特徴もないような気がして、手っ取り早く周囲の期待に沿うように、失敗しないように無難に振る舞っている人もたくさんいます。

かつて高校生だった私もそうでした。今考えると信じられないのですが、当時の私は自分のことを「なんの特徴もない、面白みのない人間」だと思っていました。自分のことが嫌いだったわりには、図々しい自己認識です。

40代になった今では、我が子にこう言っています。

「ママは相当変わってるかも」

それを横で聞いていた夫は「そうだよ。こんなママはめったにいないよ」と言ってくれました。私の個性をよく理解して、受け入れてくれているありがたい家族です。

私はカウンセラーとしてなんとか職業人を続けられていますが、それさえも時々あやうくなるほど、自分の個性をもてあましている人間です。誰かの期待に応えたい場面もたくさんありましたが、資質が足りずに失望されたことも数多くあります。

いろいろな経験を経て「まあ、こんな人間なのかな」とわかってきて、あきらめもついてきた一方で、不思議なことに昔よりも自分のことが好きになってきました。このあたりが中年の面白いところです。今は人の期待に縛られず、ずいぶんと自分勝手に生きられるようになりました。

私が生きやすくなったのは、20代半ばに認知行動療法との出会いがあったからだと思います。当時、アメリカ人のカウンセラーの先生から教わった認知行動療法の、その技法もさることながら、先生の温かさが私の背中を強く押してくれました。こうした体験を、自分らしさがわからなくなっている多くの悩める人たちに、私自身が感じたような温かさと共に届けたいと思いました。

私にできることは、こうして本を書くことです。本を書くには一緒に本を作ってくれる人が必要です。私はもともと新書というよりコラムやエッセイ向きの書き手かと思うのですが、ＮＨＫ出版の田中遼さんの情熱に背中を押されながら、なんとか書き上げることができました。お忙しい田中さんが東京からはるばる福岡までおいでくださり、古民家を改装したこぢんまりとしたカフェで夕暮れ時にコーヒーを飲みながら、どうしたら読者のみなさんの心に届く構成にできるのか、どのような表現が説得力を増すのかなど、たくさんのご助言をいただいたのは良い思い出です。

実は田中さんとは同じ福岡の出身であったことや、前作『あの人はなぜ定年後も会社に来るのか』（NHK出版新書）でご一緒する際にも最初に福岡まで足を運んでいただいたことから、初対面なのに緊張しない、不思議なご縁を感じておりました。きっと田中さんの誠実さに安心できたのだと思います。2作目のお話がきたとき、嬉しかったのを覚えています。

今回このようなご縁に恵まれて本書をみなさんのお手元に届けることができました。認知行動療法の技法が温かさをもって伝わり、あなたの人生の一助となれば嬉しく思います。

2023年12月17日

中島美鈴

巻末付録

人の期待に縛られやすくなる 4つのスキーマチェックリスト

本文中で触れた項目もありますが、各章で扱ったスキーマを現在ご自身がどのくらい持っていそうか、チェックリストを作成してみました。各項目でどのくらい当てはまるものがあるでしょうか。

「いくつ以上当てはまれば、そのスキーマを持っていることになる」という基準は特に設けておりませんが（それには研究が必要です）、「『愛されない』スキーマはたくさん当てはまるなあ」「逆に完璧主義スキーマにはほとんど当てはまるものがないなあ」など、ご自身のスキーマの傾向に気づくきっかけとして、本書とともに活用してみてください。

①自己犠牲スキーマ

「私が犠牲にならなくちゃ」

- □ 困っている人がいると、無理をしてでも力になろうとする
- □ 自分にお金をかけるのは気が引けるが、贈り物にはお金をかける
- □ 自分のやりたいことや行きたいところより、相手の意思を優先する
- □ 相手の様子を常に気遣っている
- □ 時々虚しい気持ちになったり、生きている実感がなくなったりする
- □「あの人のため」なら頑張れるが、自分のためには頑張れない

②完璧主義スキーマ

「ちゃんとしてなくちゃ」

- □ やるからにはちゃんとしないといけない
- □ 中途半端な気持ちでやるぐらいなら、やらないほうがましだ
- □ やりたいことより、やるべきことにせかせかと追い立てられている
- □ 期限ギリギリまで時間を使って努力すべきだ
- □ 完璧にできていないと、恥ずかしいし自分が許せない
- □ 頑張っていない人を見ると、腹が立つし許せない

③「能力に自信がない」スキーマ

「私はできないことだらけ」

- □ 新しいチャレンジはできれば避けたい
- □「あなたなら一人でできるよ」と任されるとプレッシャーだ
- □ 物事を先延ばしにしがちである
- □ 人に褒められると「この人は自分を誤解している」もしくは「裏がある」と思う
- □ 何かをしなければならないときに、人に頼りがちだ
- □ 人よりも心配性である

④「愛されない」スキーマ

「私は愛されない」

- □ どんなに良くしてくれる人も、いつ自分から去っていくかわからない
- □ 自分の全てを見せても愛してくれる人がいたらいいと思うが、無理だろう
- □ こんな自分のことなど愛してくれる人がいるとは思えない
- □ 本当に自分を愛してくれているのなら、いつでもどんなときでも受け止めてほしい
- □ 愛し合っていても所詮他人なのだから、最初から心を許さない方が安全だ
- □ 私を愛してくれる人がいたら、利用されているか、欠点を見逃されていると感じる

編集協力　東京ライターズ・アクト
校閲　金子亜衣
ＤＴＰ　角谷　剛

中島美鈴　なかしま・みすず
1978年福岡県生まれ。臨床心理士、心理学博士。
専門は認知行動療法。2001年広島大学大学院教育学研究科修了。
肥前精神医療センター、東京大学大学院総合文化研究科、
福岡大学人文学部などの勤務を経て、
現在は九州大学大学院人間環境学府学術協力研究員を務める。
職場のメンタルヘルス、集団認知行動療法、
大人の発達障害などを中心に仕事を行っている。
著書に『あの人はなぜ定年後も会社に来るのか』(NHK出版新書)、
『悩み・不安・怒りを小さくするレッスン』
『もしかして、私、大人のADHD？』(光文社新書)、
『脱ダラダラ習慣！ 1日3分やめるノート』(すばる舎)など多数。

NHK出版新書 714

「人の期待」に縛られないレッスン
はじめての認知行動療法

2024年2月10日　第1刷発行

著者　中島美鈴
発行者　松本浩司
発行所　NHK出版
〒150-0042 東京都渋谷区宇田川町10-3
電話 (0570) 009-321(問い合わせ) (0570) 000-321(注文)
https://www.nhk-book.co.jp (ホームページ)
ブックデザイン　albireo
印刷　新藤慶昌堂・近代美術
製本　藤田製本

Printed in Japan ISBN978-4-14-088714-1 C0211

NHK出版新書好評既刊

NHK出版新書好評既刊

モチベーション脳
「やる気」が起きるメカニズム

大黒達也

意識的な思考・行動を変えるには、無意識の「脳のやる気」を高めることが重要だ。脳が「飽きない」ための仕組みを気鋭の脳神経科学者が解説。

693

子どものサバイバル英語勉強術
早期教育に惑わされない！

関 正生

早期英語教育の誤解を正し、お金と時間をかけずに子どもの英語力を伸ばすコツを伝授。700万人を教えたカリスマ講師による待望の指南書！

694

道をひらく言葉
昭和・平成を生き抜いた22人

NHK「あの人に会いたい」制作班

先達が残した珠玉の言葉が、明日への活力、生きるヒントとなる。不安の時代を生きる私たちの背中をそっと押してくれる名言、至言と出合う。

695

牧野富太郎の植物学

田中伸幸

牧野富太郎の研究、普及活動の真価とは？ NHK連続テレビ小説「らんまん」の植物監修者が、「天才植物学者」の業績をわかりやすく解説する。

696

小説で読みとく古代史
神武東遷、大悪の王、最後の女帝まで

周防 柳

清張は、梅原は、黒岩重吾や永井路子は、こう考えた――。気鋭の作家が、先達の新説・異説を踏まえて「あの謎」に迫る、スリリングな古代史入門書。

697

英文読解を極める
「上級者の思考」を手に入れる5つのステップ

北村一真

上級者の思考プロセスに着目し、文構造の把握や語彙増強の方法、自然な訳し方までを解説。多様なジャンルに対応する読解力を身につける。

698

NHK出版新書好評既刊

ロシアの眼から見た日本
国防の条件を問いなおす
亀山陽司
急変する東アジア情勢の中で、地域の安定を生み出すために必要な国防の論理とリアリズムとは？元駐露外交官が日露関係史から解き明かす。
699

Z世代のアメリカ
三牧聖子
綻ぶ超大国・アメリカで育ったZ世代は、今どのように政治や社会と対峙しているのか？気鋭の国際政治学者が、アメリカ社会の今と未来を描き出す。
700

大人のための「中学受験算数」
問題解決力を最速で身につける
永野裕之
中学入試の算数は、数学的発想が磨かれる良問の宝庫だ。難関中の入試問題を解くことで未知なる課題を解決する力を養える画期的な一冊。
701

徹底解説
エネルギー危機と原発回帰
水野倫之
山崎淑行
原発回帰の課題から再生可能エネルギーの現状まで、NHK解説委員・デスクが日本のエネルギー問題を徹底解説。池上彰氏との特別鼎談も収載！
702

昭和ブギウギ
笠置シヅ子と服部良一のリズム音曲
輪島裕介
大衆音楽史研究の第一人者が楽譜草稿などの貴重資料を渉猟し、「ブギの女王」と「スウィングの申し子」コンビが近代の芸能に遺した業績を書き尽くす。
703

絶滅する「墓」
日本の知られざる弔い
鵜飼秀徳
土葬、風葬から男女別葬、骨仏、肉体と魂を分けて埋葬する両墓制まで。全国各地を取材した著者が、滅びゆく日本の葬送文化を明かす。
704